U0523800

庄重 著

如何让孩子爱上阅读

孩子爱上阅读，奇迹就会发生

江苏凤凰文艺出版社

果麦文化 出品

孩子爱上阅读
奇迹就会发生

祖先给我们的文化传承
被记录在一本本的书中

如果我们甚至没有翻开过这些书
我们的孩子将会面临一个什么样的世界？
且不说参加中高考这种非常现实的考试
仅仅只是在认知世界的方面
孩子能不能拥有自己独特的审美、能力和情趣呢？

所以，我特别想告诉所有家长
科学、技术只是武装孩子的四肢
而文化的教育则是心灵的化育
会让每一个孩子变得柔软、温暖而慈悲
我们要做的事就是用读书
让孩子更爱这个世界，更爱身边的亲人
懂得珍惜

PREFACE

前 言

读书,世界就在你的眼前
不读,你眼前就是全世界

用书籍滋养孩子有趣的灵魂

"我们孩子现在变化很大,写作文比以前更流畅了,感觉心里是有内容的,特别是他在书里学到了一些他认为有力量的东西。记得有一次,我下班后和他在车里一起看庄老师讲解《小王子》的直播课,当庄老师讲到爱的时候,我们家宝贝突然亲了我一下,我很意外,那一瞬间感觉:哇,我太幸福了!回到家后,他又亲了他妈妈一口,然后对我们说:'爸爸妈妈,我觉得我特别幸福。'他这种特别温暖也特别直接表达自己情感的方式,对我们来说非常惊喜,这些都是庄老师用自己内在的体验,丰富了孩子的情感世界。"

我们读书会云乾小朋友的爸爸，在接受采访时说了上述这段话，于我而言，孩子的提升、家长的欣慰，就是最大的褒奖。

亲爱的家长和小朋友们，你们好，我叫庄重，一个每天在自己孩子床边读半小时书的爸爸，也是一个每星期陪伴数万名同学一起读书的老师。

"陪伴孩子们好好读书，认识世界"是我的初心，"用书籍滋养孩子有趣的灵魂"则是我的使命，为了维护这个初心，践行这个使命，我在青少年阅读推广上已经身体力行超过六年，在整个阅读体系的研发和运营上，更是真金白银投入了好几亿。

现在，看着我们读书会的孩子们通过我的引导和陪伴，在书籍的滋养下变得越来越好，真是一件无比幸福的事。

说起来，我自己就是一个因读书改变了命运的人，现在我的两个儿子也正在从读书中受益。至于我身边，更是有太多因为爱读书、多读书而获得了人生幸福的朋友，所以我想把自己对读书的心得、经验、方法，当然也包括我给孩子们精心挑选的书单，统统写下来，写成一本书，和需要的朋友们分享。

这是一本挺轻松的小书，里面没什么大道理，除了我和我儿子的读书故事，还罗列了一些孩子们不愿意读书的真实原因以及解决之道，以及一些我认为会对孩子们将来考试很有帮助的认知和技巧。

那么相应地，如果你的孩子现在不爱读书，不会读书，或者不知道读什么书，你都可以从中找到原因和方法，并且通过这本书来提高他们的成绩和考试分数。

除此之外，我更希望通过这本书，能让孩子们明白，只要自己多读书、读好书，就会提升自己的思辨能力和审美能力，继而建立起正向价值观——这，才是对我们人生更为重要，也是我们终生都会受益无穷的能力。

所以，如果让我用一句话来形容这本书，我的答案就是"有趣，有用，有温度"，这句话也是我们读书会的工作原则，我们的一切动作都是紧紧围绕这七个字展开的。

有时候想想，我身为一名读书人，过去从别人写的书中获得了滋养，现在我自己也写书了，也会有人从我写的书中获益，这是多么开心的一件事啊！

现在，我邀请所有看到这本书的家长，和我一起陪伴孩子读书，和他们共同成长。

我也邀请所有看到这本书的孩子和我一起读书，构建精彩人生拼图。

读书，世界就在你的眼前；不读，你眼前就是全世界。

我永远坚信，无论未来怎样，书都可以一直与你相伴，为你打开一个个脚步不曾到达，更是无法丈量，广阔且美好的世界。

庄 重

2024 年 8 月 18 日

目 录

Part 1 故事
　　读书成就了我 　　　　　　　　　　002
　　给孩子，每晚读书半小时 　　　　　016
　　因为读书，所以慈悲 　　　　　　　030

Part 2 力量
　　读书当然要读名著 　　　　　　　　040
　　多读书，多拿分 　　　　　　　　　047
　　升维思考，降维打击 　　　　　　　055
　　读书塑造孩子底层操作系统 　　　　060
　　读书让生命变得更完整 　　　　　　063

CONTENTS

Part 3　挑战

孩子究竟为何不读书？　　　　　　　072

要引导，更要陪伴　　　　　　　　　076

找到孩子的老师和书童　　　　　　　086

Part 4　方法

我的直播读书课　　　　　　　　　　096

讲课当然要有趣　　　　　　　　　　100

不但要有趣，更要讲通透　　　　　　106

成绩提升，考试提分　　　　　　　　113

提升孩子思辨力　　　　　　　　　　118

正向塑造孩子价值观　　　　　　　　122

有趣，有用，有温度　　　　　　　　125

Part 5　考试

中考作文要有新意　　　　　　　　　　132

找到写作真规律　　　　　　　　　　　138

避免写作假规律　　　　　　　　　　　141

如何写出满分作文　　　　　　　　　　147

送别诗一般考什么　　　　　　　　　　153

Part 6　范文

为什么我总能准确预测高考作文　　　　158

高考作文范文之《是问题，也是答案》　166

高考作文范文之《历久弥新》　　　　　170

高考作文范文之《认可于心》　　　　　174

中考作文范文之《我也是个取水人》　　179

拿来就能用的名著题记　　　　　　　　185

Part 7　书单
　　挑书原则　　　　　　　　　　　　　194
　　深度挂钩教材　　　　　　　　　　　199

Part 8　祝福
　　读书要杂　　　　　　　　　　　　206
　　你是唯一　　　　　　　　　　　　210

教育的本质
是让孩子成为一个大写的人
一个有血有肉有情怀
有审美且真诚的人
而不是成为考试机器
比考试更重要的是人类共同的价值观
比如公平
比如分享
比如同情

Part 1

故事

读书成就了我
我要成就他人

读书成就了我

1

不少朋友都问我:"庄老师,你现在这么厉害,你的父母肯定也特别有文化吧,你们家是不是书香世家呀?"

完全不是。

我爸和我妈,一个小学四年级文化,一个小学六年级文化。

二十世纪八十年代末,他俩先后下岗,当时的我们家统共就一间房,全部面积加起来不过二三十平方米,一家人挤在里面,生活很是清贫,也没有什么娱乐活动。

唯一的集体活动就是读书。

每天晚上七点到八点,是我们的家庭读书时间——大家随便读,没什么限制,我记得那时候我妈最爱看的是《知音》,我爸最爱看的是《故事会》。

七岁那年,我读的第一套书叫《二十四史》,当然是儿童版本,从此便让我对历史萌生了巨大的情感。

那套书是妈妈给我买的,当时她带我去逛新华书店,看着琳琅满目的书籍,我完全无视那些童话、神话之类的小孩书,唯独想看这套"大部头"。

我妈叹口气,对我说:"儿子啊,我看还是算了吧,你太小了,里面很多字都不认识,根本不可能看得懂。"

妈妈说的当然没有错,但我就是很想看。

我妈又叹了口气,然后花了半个月的工资,给我买了下来。

回家后翻开,果然有很多字不认识,认识的那些字连成句子后也不知道什么意思。

但这完全没问题,因为我们小时候人手一册《新华字典》,那时候的我已经掌握了好几种查字典的方法,而且我特别喜欢查字典。

所以从那天以后,每晚的家庭读书时间,我爸爸依然笑眯眯地看着《故事会》,我妈妈仍旧悲戚戚地看着《知音》,我就坐在他们身边,顶着个大脑袋,眼睛瞪得滚圆,一边翻看着《二十四史》,一边不停查字典,忙得那叫一个不亦乐乎。

这个画面,现在回想起来,依然无比温馨。

就这么一个字一个字地边查边记,一句话一句话地连起来读,虽然很辛苦,但又乐在其中。最后我足足花了一年半的时间,终于把那套少儿版《二十四史》读完了,关键,我觉得我还读懂了。

也就是从那个时候开始,我觉得我的眼前突然打开了一扇门,门里金光闪闪,然后我毫不犹豫地走进这扇门,昂首阔步地走上了读书这条金光大道。

2

整个小学阶段,我已经看了很多书,各种各样的书。

三年级的时候,我们班主任特别烦我,因为无论他问什么问题,我都能立即回答出来,让他很没有成就感。

更讨厌的是,每次我不但回答得又快又好,而且还特别喜欢举着手,冲到讲台上,站在他身边,一脸得意地对着满屋子的同学高声作答。

现在想想,小时候的我,情商真是太低了,我光看到同学们的叫好喝彩,却忽略了班主任在一旁吹胡子瞪眼睛。

要是那时候就有人告诉我,读书一定要进行思辨性阅读,我一定不会那样单纯,哈哈!

后来,班主任终于想到了一个好办法。

一天,他突然语重心长地对我说:"庄重啊,我看你下学期还是别上四年级了,直接去读五年级好了。"

我看着班主任一脸严肃的样子,不像开玩笑。

于是我也就很认真地接受了他的建议。

班主任特别开心,依依不舍地说我真是个好孩子。

我说看您那么喜欢我,要不我还是不跳级好了。

班主任一下子急了,脱口而出:"君子一言,驷马难追,庄重,你一定要为自己说过的话负责。"

就这样,班主任终于成功地把我"赶走",去"祸害"其他班级了。

那年暑假,我自学了四、五年级的学习内容,然后到了五年级的时候,期末考试又考了年级第一。

可惜后来没有老师再让我跳级,否则只要他们敢说,我就真敢做。

3

从小学,到初中,书籍都是我最好的朋友,在书籍的滋养下,我一路野蛮生长,很快来到了17岁那年的高考。

面对人生中最重要的一次考试,别的同学都很紧张,我却没什么感觉,觉得和平时考试也没什么不一样。

记得考历史那天,我和同学一直在考试学校附近的台球房打台球,离开考时间只剩下10分钟了,其他考生们已经开始纷纷进入考场了,但是我们最后一局还没打完。

同学问我该怎么办。

我认真考虑了下,觉得还是先把眼前这局打完更重要,我那同学也想了下,然后觉得我的考虑非常周到。

后来等我们冲进考场的时候,考试铃声正好响起,真是两不耽误,特别好。

监考老师开始发试卷了,我一点儿期待都没有,我知道不管这一年的历史高考出什么样的题目,我肯定都在140分以上——因为中学阶段所有的历史知识都已经在我心中,我如数家珍,随便考。

最后我的高考历史果然考得特别好,至于高考总分,更是足足超过当年北京大学在我们省的最低录取线27分。

现在说这些,我还真不是在"凡尔赛",我只是想说,这个结果的起点不是其他,正是7岁那年我开始读书,以及此后坚持不懈地大量阅读,我想这就叫水到渠成。

所以我一直都很反对家长们为了孩子考试去突击补课,你想想,孩子都上初三、高三了,都要中高考了,临时再上个补习班,能有多大用?你平时多读几本书,什么都有了。

这些真的都是我的肺腑之言。

4

读书提升了我的学习成绩,我的很多爱好和特长,也都和读书息息相关。

其中受其影响最大的就是辩论。

1993年,中央电视台播放国际大专辩论赛,万人空巷，吸引了无数人的目光。

其中就包括远在云南，小小的我。

看着蒋昌健等四位复旦大学辩手英俊潇洒、玉树临风的模样，我幻想有朝一日自己也可以像他们一样，舌战群雄，为国争光。

当时我们家激动的不光我，还有我妈，她激动得连《知音》都顾不上看了，一边在电视机前为辩手们大声叫好，一边习惯性"数落"起我来："庄重啊庄重，你看看人家多厉害，你怎么就不行呢？"

根据多年的斗争经验，我才懒得和她争辩呢，只是坚定地告诉她："妈，我也一定可以做到。"

那一年，我12岁。

因为读书，12岁的我已经知道，说一句承诺很容易，但要把承诺兑现，很难很难。

此后10年，我为了兑现这个承诺，不断努力着。

具体动作包括大量看书，也包括去听很多大师和前辈们的演讲，光看光听还不行，还得练习，为了不吵到爸爸妈妈，我就把自己锁在厕所里，对着马桶，开始成百上千次的模仿。

除了大量看书和反复练习外，那10年里，无论社会上发生什么大小事件，我都会对着墙壁发表评论，输出我的观点，表达我的情绪，墙壁坚硬且沉默，是我心目中的最佳对方辩友。

久而久之，我养成了一个特别不好的习惯——走在路上喜欢自言自语，兴奋之际更是会对着大街指指点点、慷慨陈词——导致每一个从我身边经过的人，都对我投来了同情的目光。

他们觉得这孩子真是太可怜了，这么小就精神不正常。

后来，等考上大学后，我离梦想更近了一步。经过一番严格选拔，我终于可以代表我的母校中山大学出战2002年的央视全国大学生辩论赛。

备战期间，我和队友们被教练关在一个小黑屋子里面，我以为又要让我们对着墙壁"指手画脚"，这个我熟啊，结果教练根本不让我们练习演讲，也不搞什么分组辩论，而是每天进来丢一本书，让我们快速看完,然后写读书笔记。

没错,我们明明参加的是辩论赛,做的练习却是看书和写作,我们每天都要读完一本书,然后写下至少五千字的读书笔记。

就这样,我们封闭集训了四个月,所有专业课都停了,每天就是读书、写作,一共读了108本书,包括《西方哲学史》《中国哲学史》《西方美术史》《中国文学》《科学哲学》《技术学》《伦理学》等在内的各种书籍……反正大家当时能说出来的经典书目,我们几乎全都看过,然后每个人写了至少50万字的读书笔记。

不得不说,那段封闭集训非常"残酷",却也效果显著,最后夸张到什么程度?就是等我们从小黑屋出来后,去新华书店想再买些书看看,结果抬头望去,感觉所有的书都读过,哪怕实际上并没有真看过,但一眼望过去差不多就知道这本书讲了什么内容,主题是什么,观点有哪些,精华在哪里,真的是一眼便知,就到了这种程度。

也正是通过这样的读写训练，我终于领悟：辩论，并不只是口才好不好的问题，口才只是辅助，核心价值还是在于你传达的内容准不准确、独不独特、高不高明，而要想做到这几点，根本方法还是要多读书。

还是那句话，你书读多了，什么都有了。

人生没有白走的路，每一步都算数。

就这样，我憧憬了十年，也努力了十年，终于在2002年，和队友一起荣获当年的CCTV全国大学专业辩论赛的冠军。

这还只是开始。

次年，在北京，队友们更是代表中国大陆所有高校，战胜了中国台湾地区的世新大学，捧回了2003年国际大专辩论赛的世界冠军奖杯。

梦想终于成真。

也就是在那一刻，我意识到，一个孩子，付出了十年努力，向母亲证明了自己，在这个过程中，对他帮助最大的不是其他，正是读书。

记得获奖后，我第一时间告诉妈妈，我拿到全国冠军啦，我梦想成真啦！

　　妈妈也特别开心。只不过她开心的点并不只是我做到了，而是她也做到了，她用一种一切尽在把握的口吻对我说："儿子啊，当年我就说你肯定行的，你看看，妈没有骗你吧！"

　　好吧，说来说去，还是我妈更厉害，那么多年的《知音》真是没白看。

　　前段时间，我们当年辩论队的八个人又聚了一次，我发现虽然大家今天做的行业不一样，但是每个人都取得了还不错的成绩。

　　我想这就是大量读书给予一个人的底层思维，从而让我们对自己、对世界、对生活的诸多看法和理解都会变得与众不同。

　　这，就是阅读的力量。

5

　　读书不光在一些具体的事上对我帮助巨大，我生命成长中的每个阶段都因为读书而产生了非常积极正向的影响，从而让我在人生每一个关键节点上的决策，基本上都是正确的，至少是该干啥的时候就干啥，没有折腾，也从不后悔。

比如29岁时，我觉得自己该结婚啦，于是很快就结了婚；30岁时，觉得是时候要孩子啦，于是就有了孩子；我在新东方兢兢业业工作了11年，从校长一路做到了集团副总裁、总裁助理，考虑到总裁身体特别健康（哈哈，俞老师对不起），短时间内我也没有再晋升机会了，于是就毅然辞职创业，然后参与做出了一家纽交所上市公司，算是实现了人生的财富自由。

这些外人看来非常正确，甚至有些不可思议的举动，都是读书帮我做出的选择。

现在，在读书的继续指引下，我的人生并没有就此停步，我又做起了读书会，每个星期陪伴好几万名孩子一起读书，我乐在其中，投入了我全部的激情和精力，也收获了来自家长和孩子们最真诚的祝福和赞美。

未来当然还会有诸多挑战，其中一些肯定很大很难，但我一点儿都不焦虑，因为我知道我的身边有书，只要有书相伴，我就不会孤独，更不会害怕，在书籍的指引下，我会一直脚踏实地走我认为应该走的路，做我认为应该做的事。

也正因为读书成就了我，所以我现在非常希望孩子们也能爱上阅读，养成良好的读书习惯，掌握正确的读书方法，然后坚持读书，并和我一样从书中获益，享用终身。

给孩子,每晚读书半小时

1

2011年9月13日,我家老大庄为出生了,当天我就跟爱人讲:"从今往后,我每晚都要给儿子读半个小时书。"

第一天,我给他读了《西方哲学史》,毫无疑问,他当然听不懂,这不重要,事实上不管我读什么书,他都听不懂。

重要的是,我决定给他读书,并且每天都读,我要让他从出生的那一刻就感受到,他的生命中除了有爸爸妈妈以及所有爱他的人,还有一个重要的存在,那就是书。

就这样,我一读就是十几年,一天都没有间断过。

有时候我回家太晚,孩子早就睡了,我也不管,就对着酣睡的他,小声地、温柔地,给他读半个小时书。

陪伴是最长情的告白,我想无论过多久,将来不管什么时候,他一定都会记得,在他生命中最重要的童年和少年时代,自己有个"神经病"的爹,每晚在自己身边读书。当他回忆起这一幕,一定觉得非常温馨。

相信绝大多数人都会认为,我之所以这样做,都是为了孩子好,这当然没错,但是我想说,我之所以坚持每晚给儿子读书,首先还是为了我自己,因为我每次读的都是我自己最想读的书,给他读书的这些年,我几乎把所有自己想读的书都读了一遍。

都说人的一生会有两次成长机会,一次当我们还是孩子的时候我们成长,另一次是当我们做父母的时候跟着孩子再次成长。

亲爱的家长们，你们一定要知道，有的时候我们为孩子做一些事，不只是为了孩子的成长，也是为了自己的成长。

所以，不应该是我儿子感谢我，而是我要感谢他，感谢他给我一个再次成长的机会。

说起来，我们很多做家长的，最可悲的就是天天鼓励孩子：你要勤奋，你要刻苦，你要坚持。可是等夜深人静回到家的时候，才发现，最需要被鼓励的其实是我们自己。

都说最好的家教就是父母的言传身教，我想，将来我儿子有多优秀我不知道，但有多差我是知道的——他一定不会太差。他再笨，都将是一个勤奋的人，因为他爹很勤奋；他再笨，都将是一个执着的人，因为他爹很执着。

2

当然，因为每天都听我读书，哪怕是他听不懂的，听多了，他对读书这件事也慢慢习以为常了。

等庄为有了自主阅读能力后，他开始读一些自己喜欢的书，于是在他身上，一些令我们惊喜的地方悄然发生着。

一天吃早餐时，他说："妈妈，我想喝可乐。"

他妈当然不肯，就说："哎呀，不能喝，可乐是垃圾食品，喝多了你的寿命会减少的。"

不得不说，孩子他妈这番危言耸听的话还是非常有力量的，我在一边竖着耳朵听，心想他一定会放弃。

可你猜庄为同学是怎么回应的？他竟然说："妈妈，人如果不快乐的话，活那么长时间又有什么意义呢？"

朋友们，这句话牛不牛？

当然很牛，但这还不是最牛的，因为他接下去又说了一句让我都瞠目结舌的话：

"我们要给岁月以文明，而不是给文明以岁月。"

什么情况！这小子竟然把我讲课时说过的一句话给活学活用上了。

在我的读书直播课上，我经常会给孩子们讲经典科幻作品《三体》，书中有一个重要情节是说地球终于在宇宙中暴露了自己的位置，然后三体人就要来攻占地球，于是很多人干脆躺平了，因为地球的科技在三体人面前啥也不是，那这些人就特别丧地认为，反正外星人已经在来的路上了，用不了多久我们都会像虫子一样被活活捏死，毫无反抗之力，既然都注定没多少年好活了，那今天还努力干什么呢？

本书后面的章节中我会反复强调，我的读书课的一大特色就是思辨性阅读，在我眼中这也是一项特别重要的读书能力，所以每次讲到这里时，我都会对孩子们说："你看你如果不快乐，也不奋斗，这辈子就庸庸碌碌地活着，你活多久其实是没有意义的，所以不是要给文明以岁月，而是要给岁月以文明，要让你活的每一天都精彩，都没有白白浪费，唯有如此才能不辜负我们的生命。"

真没想到我儿子竟然把我的这些话都听进去了，不但听进去了，而且还用到了自己的日常场景中，用得还挺到位。

当着我老婆的面,虽然我没敢明着说什么,但心中就想,一个12岁的孩子,你说他作文里如果写出这么一句话,是不是领先很多同龄人?这还需要上什么作文补习班?根本不需要,就读书,读多了不经意间就会产生这种契机,让自己变得与众不同。

儿子啊,今儿这可乐,咱必须喝——你妈不让,你爹我偷偷买给你。

3

有一次,庄为考试考了个年级第三,他特别难受,回到家后就开始号啕大哭——因为他之前每次考试都是年级第一或第二名——他妈怎么劝也劝不好,给可乐喝都不行,于是就和我急,责问我怎么无动于衷,还有没有"人性"。

我的确一点儿都不急,也根本不劝,就带他读了王安石的《游褒禅山记》,里面有句话叫"尽吾志也而不能至者,可以无悔矣",就是说任何事如果尽自己全力还是做不到那就算了,没什么好遗憾的。我们大多数其实都是普通人，真正努力过就行。

这句话我让他多读了几遍，等读完后，庄为停止了哭泣，泪眼婆娑地问了我一个问题："爸爸，当我们努力了，尽了全力，只能爬到半山腰，真的一步都走不动了，最后也没有到达山顶，是不是也是人生的一种成功？"

我觉得他真的已经读懂了这句话，并且有了进一步的思考，真的特别棒。

他那时候刚读一年级下学期，当他问出我这样的问题时，我就知道，未来什么中考高考作文，对他来说都将是小菜一碟。

真的，我从来都没有让庄为去上过任何的补习班，我就是带他读书，他每次考试都能够在年级名列前茅，而且不管他遇到什么样的问题，依然是去看书，书中都有最好的答案。

4

说到写作文,还有件事让我印象特别深刻。

依然是庄为读小学二年级的那年,一天我上班时,忽然接到了他学校老师的电话——身为一名家长,白天无缘无故地接到学校老师的电话是一件特别惊悚的事,更惊悚的是,电话通了后,老师竟然劈头盖脸就问:"你是庄为的家长吗?你怎么教育孩子的?你儿子怎么这么奇葩?"

我大吃一惊,心想老师你怎么会用"奇葩"这种词来形容我儿子?他到底怎么了?

老师说他在课堂上布置了一篇作文让孩子们写,题目叫《毛毛虫变蝴蝶》。其他小朋友写的都是诸如"毛毛虫终于变成了美丽的蝴蝶,自由自在飞翔在天空中"之类。结果我儿子写的却是"这个毛毛虫最后并没有如愿变成蝴蝶。"

老师看了觉得很吃惊,不知道这孩子怎么会这么想。毛毛虫难道不就应该变成蝴蝶吗?这不是奇葩是什么?

更"奇葩"的是，我儿子接着写：虽然毛毛虫没有能够变成蝴蝶，但没有人能够否定毛毛虫曾经的努力。

更更"奇葩"的是，我儿子最后还总结了：一个人努力了，最终成功了，说明运气好，但努力了，没有成功，这也是生活。

看到这里，老师彻底"崩溃"了，赶紧给我打电话，估计他是想知道这么"奇葩"的孩子的爹是不是更"奇葩"。

我也的确没有让老师"失望"，因为电话里我就明确告诉他："我儿子的这篇作文特别好。"

我是真心如此以为，这和他是我儿子没有关系，回到这篇作文，咱且先不谈文笔如何，措辞怎样，就说这是不是一种非常正向的价值观？当然是！有没有充满思辨力？必须有——人生如此丰富多彩，不能以成功与否论英雄，台上有领奖的，台下不就得有鼓掌的吗？谁又能够确保自己一定会成为最成功的那个人，成为一个天天站在舞台上被鼓掌的人呢？将来无论做什么事情，努力了，结果没做到，那就算了嘛，换个事情再做一做，又有什么大不了的呢？之前我让我家老大读的"尽吾志也而不能至者，可以无悔矣"，说的不就是这个道理吗？

这又让我想起前阵子爆火的剧集《我的阿勒泰》里的一段经典台词：

文秀问妈妈："妈妈，我虽然笨手笨脚，但还是个有用的人对不对？"

妈妈回答："啥叫有用？生你下来是为了服务别人的？你看看这个草原上的树啊草啊，有人吃有人用，便叫有用。要是没有人吃，它就这样待在草原上也很好嘛，自由自在的嘛！"

说得多好，有用也好，成功也罢，只是我们的目标，目标要么能实现，要么就是无法实现，反正不能期必，而努力过，比什么都重要。

事实上，在我眼中，对一个孩子而言，如果拥有了思辨能力，而且塑造了正向价值观，简直天底下没有比这再好的事了。

所以那天庄为回到家后,我不但一点没有责备他,反而给了他大大的嘉奖,告诉他,你真棒,爸爸和你想得一模一样。

庄为的这个小故事我讲过很多次,总有人问我,你儿子怎么二年级就能写出这样的文字?你平时都是怎么教他的?

实际上,我根本没有刻意去教过他什么大道理,我就是带他读书,正向价值观也好,思辨能力也罢,都在他读的书中。

比如在他一年级的时候,我给他讲《老人与海》。我说这个老人历经千辛万苦,终于捕获到这辈子最大的一条鱼,结果在回去的时候却被鲨鱼给吃掉了,他只带回了鱼骨头。

我当时就跟他讲,虽然老人最后"失败了",但这并不能否定老人曾经的努力,这个世界他来过。虽然不一定每个人都会有成就,但只要为自己的目标奋斗过,他就是自己人生的英雄。

我其实就讲了这么多，等孩子听完了，再去看《老人与海》这个故事，他就会懂得很多道理，在幼小的心灵里种下了相应的种子，等他后来写这篇作文的时候，才会自然地想到这样的一种表达。

5

随着读的书越来越多，庄为的作文不但写得越来越好，也越来越会写了。

三年级时，他要写一篇作文，题目叫《我眼中的缤纷世界》。

回到家后，他对我说："爸爸，我要写作文啦！"

我说："那你赶快写呀，现在写作文对你来说还不是小菜一碟？"

他摇头："不，我要先下楼去看看。"

我疑惑："为什么呀？"

他回答："书上说了，只有真实世界和生活当中才有好文章，所以我要先感受，然后再动笔。"

记得当时上海的天气已经很冷了，他拉着我跑到小区里面的一棵树前，树上叶子都掉光了，我们就在树下蹲了15分钟，给我冻得不行，他却什么话也不说，就目不转睛地看着那棵树，最后突然站起来，上前抱了抱那棵树。

回去后，他很快写好了那篇作文，最后一段是这么写的——

> 缤纷不只是春天的生机勃勃，夏天的热火朝天，秋天的果实累累，也包括冬天的寂静和冰冷。

你看他写的这词是不是很厉害？不光表达别致，而且里面有种逻辑的力量，是的，因为读书，他看待这个世界的眼光变得不一样了，他知道所谓的美好，不只是春天夏天那些很绚烂的事物，冬天的这种寂静和冰冷，也是美的。

美好，不只是一种外在现象，美好，更多是心灵的映射。

我很想说，像庄为这样的孩子将来长大了，他眼中就不会再有这个人是个坏人，那个人是好人的偏狭思维，他会知道好人身上可能也有缺点，而坏人身上可能也有值得别人学习的地方。这些都是思辨能力的体现，也是审美能力的提高，所有这些本质上都是读书带给他的滋养。

所以我总是说，阅读塑造了孩子的底层操作系统，这样的一种系统能够决定孩子未来走得有多长远，活得有多幸福。

因为读书,所以慈悲

1

开开心心讲完我家老大的故事,再讲我家老二时,我突然变得有些激动起来。

我家老二叫庄同,如果说他哥哥是那种从小乖到大,哪哪儿都特别好的孩子,庄同就是他哥哥的对立面,特别顽劣调皮。

很多时候我都会想,这小子该不会是老天看到我们家太祥和了,派下来惩罚我的吧。

毫不夸张地说,庄同整个幼儿园阶段,他们班几乎所有孩子，都被他欺负了一遍，有的他还欺负了好几遍，而且屡教不改，老师也很头疼。

所以，每次我去幼儿园接他，都胆战心惊，因为老师肯定会对我说："庄同爸爸，请您待会儿留一下。"

每次听到后我都一惊，心想：完了，今天我儿子肯定又惹事了。

说起来，我和那家幼儿园的园长还特别熟，之前园长请我给园里的老师们做过培训，好评如潮，所以大言不惭地说，我在他们老师心中还是相当有地位的，结果我这个二儿子成天就干一些奇奇怪怪的事，净往他老爹我脸上抹黑。

后来，被留下来谈话的次数多了，我也变聪明了，等下次再去接庄同的时候，不等老师开口，我干脆主动去找老师先赔礼道歉，反正这小子从来没让我"失望过"。

比如一见到老师，我就赶紧上前打招呼："哎呀，真是不好意思啊，我儿子肯定又给您添了好多麻烦吧？"

大家都知道，我们中国人平常说话其实都是很有讲究的，你看我态度都这么好了，一般这种情况下对方肯定会说：没有，没有。

但每次我儿子老师的回答都是：没事，没事。然后，还会深深叹一口气，同时用一种哀其不幸的眼神看着我。

好吧，越说没事，事儿就越大，你看老师都给逼成这样了，可见他在幼儿园里究竟有多顽劣。

2

就是这样的一个孩子，因为读书，彻底改变了自己的心性。

至今我都清晰记得，改变发生那一刻的情景——当时我正在家中书房，给几万名孩子直播讲书，那天讲的主题是爱与幸福，我说现在世界上依然有很多孩子的生活特别凄惨，他们的人生无比可怜，得了病无法得到医治，甚至从小就失去父母，变得无家可归，但是总会有好心人去帮助他们，给予这些孩子爱与希望……

我讲得很动情,同学们听得也非常投入。

突然,我听到了一个孩子的哭声,而且是哭得特别伤心的那种,那一瞬间我恍惚了起来,我以为是直播间的哪位孩子的哭声传了过来,可是定耳一听,不对,这哭声也太清晰、太强烈了,对,不是线上,而是就在我身边。

我循声过去,打开房门,就看到我家老二跌坐在门外,泪流满面,哭得那叫一个伤心欲绝。

原来,那天我讲课时,他一直趴在门口听,估计是因为太无聊,就等着我早点下课后快点和他玩儿吧,反正以前他从没这样过,就算我给他读书他也根本不听,但那天他居然正好听到了我讲的那一段,然后一下子被感动了,感动到号啕大哭。

那天他哭了很久,哭完后突然对我说:"爸爸,你到底有多少钱?"

我反问:"你要干什么?"心想,难不成这小子现在就要分家产?这也太着急了吧!

他抽泣着说:"爸爸,你应该把钱全部捐出去,帮助那些需要帮助的人。"

我松了口气,连忙回答:"好好好,爸爸本来也是这么打算的,但是现在时机还不成熟。"

他却不依不饶:"不行,你现在就要把你的钱全部捐出去,立即、马上。"

那天,面对着庄同的"胡搅蛮缠",我其实特别开心,因为我意识到他变了,突然就懂得了很多人心人情——要知道,原来的他哪里会想到去关心其他人啊?他不欺负别人就谢天谢地了。

所以当时我真的特别惊讶,我想,像他这么顽皮、这么自我的一个孩子,也能心灵变得柔软而慈悲吗?

是的,他可以。

3

事实上,就是从那天开始,庄同真的就完全变了,每次我们出去玩,但凡见到有人乞讨,特别是抱着孩子的，他都会不由分说把我拽过去，让我立即给钱。

有一次，在他的"威逼利诱"下，我扫码给了666块。

我觉得已经不少了，他还很不满意，说："爸爸，你怎么才给了600多？也太抠了，我去买双鞋都比这多，你再给点儿吧！"

我听他的，又给了点，觉得也挺好。

结果孩子他妈又不高兴了，怪我怎么给这么多钱，对方真假还不好说呢——好吧，我老婆属于那种买啥都货比三家的选手，看什么都觉得贵。

我安慰她："真假不重要的，重要的是咱儿子现在的这种意识，价值千金。"

我老婆听了觉得很有道理，对我说："要不，咱再给点儿？"

现在，不光我的两个儿子总惦记着去帮别人，我老婆也学会了，她上网但凡看到别人发的求助文章，不管有没有这件事，到底是不是真的，都会给钱。

我说，你就捐吧，哪怕100个人当中有90个是骗子，总还有10个是真的，都给了也就真帮到了。

扯远了，回到庄同身上，总之，我真的非常欣喜地看到他身上发生的变化，因为读书带来的正向改变，我知道这只是开始，绝非终点。

4

最后，再分享一个亲子交流方面的心得。

这些年，总会遇到一些家长朋友向我倾诉，他们觉得随着孩子年龄的增长，自己和孩子的沟通越来越费劲了，经常是各说各话，根本无法达成共识，甚至经常发生争执。

我想说，这种情况在我和庄为、庄同身上从来没有发生过，从小到大，他俩虽然性格迥异，但在和我的交流上都非常和谐且顺畅，我想这和他们一直跟着我读书，而且我们经常共读同一本书有很大关系。

比如说，如果我现在想告诉他们人要孝顺的道理，我不用说什么儿子啊，爸爸妈妈生你养你，含辛茹苦把你拉扯大很不容易，所以你将来一定要孝顺老爸老妈，我就带他们一起读朱自清的《背影》，读完后他们自然就会明白，父母在，人生尚有来处，父母去，人生只剩归途，他们也自然会更加理解父母，对父母更好。

真的，相互理解是良好沟通的前提，孩子们都很聪明的，很多结论不需要你去说给他听，而是要让他自己领悟，可是孩子还那么小，生活阅历相当有限，怎么才能去领悟人生的诸多道理呢？读书是非常行之有效的途径，往往一本书中蕴含的情感和道理，远胜过我们日常的万语千言，所以要想改善亲子关系，和孩子一起读书比什么都更好。

以上就是我两个儿子的读书故事，正是亲眼看到他们从读书中深深获益，有一天我突然想到，我与其只给我儿子读书，不如带着更多的孩子一起读，让大家一起通过读书变得更好——这便是我做读书会的初心，感谢互联网，更感谢这个时代，让我现在有机会带着数万名孩子一起读书，看着他们因为读书变得柔软、温暖而慈悲。

孩子成长过程中
老师和家长必须从"梯子"上下来
下到跟孩子一样的高度
然后牵着他的手，扶着他往前走
等有一天你不在他身边了
他还能独自继续往前走
这才是最好的家长和老师
这才是最正确的阅读方式

Part 2

力量

只有升维思考
才能降维打击

读书当然要读名著

1

读书其实是一个很宽泛的概念,在学校学习可以称作读书,看漫画和网文也可以叫读书。

所以经常听到有家长说自己孩子可爱看书了,天天看,根本停不下来,结果家里全是漫画书。电脑里、手机上,全是各种网文。

这样肯定是不合适的。

在我的概念中,所谓读书,乃由以下两点构成:
1. 阅读名著;

2.严肃阅读。

是的,真正的读书必须是一种严肃阅读,而且专是读那些历经时间检验过的名著经典——因此,凡本书里提及的"读书",专指对一些经典名著的严肃阅读。

首先,为什么读书就要读经典名著呢?当然因为经典名著更有价值——我们祖先给我们的文化传承,被记在了一本一本的名著当中,如果我们甚至没有翻开过这些书籍,我们的孩子,将会面临什么样的一个世界?且不说参加高考、中考、小升初这样一种非常功利的说法,你单单在认知世界的方面,能不能有这样的一种审美、能力和情趣呢?

我们时间有限,所以只读经典。

读书永远都不只是一句口号,而是实实在在的行动,是行动就要付出成本,时间对我们而言就是最大的成本,虽然漫画也好,网文也罢,都有其各自精彩,但对孩子的成长而言,特别是最关键的那几年,名著的价值显然更高,尤其是对塑造孩子们的价值观大有裨益。

更重要的是,看漫画、网文属于阅读的舒适区,读名著才是阅读的学习区。这也是我们必须清楚的一件事,读书如果只停留在舒适区,那是妥妥地浪费时间,只有进入学习区,才能够让我们的成长变得更加充实,提升更快。

2

但是,问题也就出现了——真实生活里,很少有孩子天生就是爱读名著的,绝大多数孩子根本不会主动拿起一本《简·爱》《呐喊》《契诃夫小说集》来看,并且还看得津津有味,爱不释手,更多的孩子对这些"晦涩难懂"的"大部头"毫无兴趣。

是的,名著很有价值,读名著非常重要,但是很多名著也的的确确"不好读",甚至"读不懂"。因此,孩子不爱读名著,其实很正常。

别说孩子了,现在我们家长又有多少人还长期保持读书习惯，没事翻开一本名著看的？

一件事，哪怕是好事，如果大人都觉得难，孩子做起来只会更畏难。如果大人都做不到，也不能要求孩子一定要做到。

因此，如何让孩子爱上阅读，更完整的表达应该是——如何让孩子爱上阅读名著。

这才是我们真正面临的挑战——当我们有了这个认知共识后，后面的探讨和分析也就更加顺畅了。

3

说完了读书当然要读名著，下面再说什么是严肃阅读。

所谓严肃阅读，是指不要拿起一本书，随手翻两下就完事，或者上网听一些音视频的讲解，走马观花地了解了一本名著大概讲了些什么，就算读过了。

真正的严肃阅读是对名著从文本到主题，从作品到作者，从内容到创作的时代背景，一个完整的、深度的、成体系的研读，其目的是让孩子真正读懂且内化为自己的各项能力。

这当然不是一件简单的事，更不是一个轻松的过程，也正因为它不简单不轻松，所以会更加让孩子们产生畏难，甚至抵触心理。

想想也是，名著本身已经让孩子们头大了，现在还要这样庖丁解牛般去读去理解去吸收乃至要外化为自己的各项能力和素质——让孩子爱上读书，真的太难了。

但是我们要做的往往就是这种难且正确的事，读书还真就应该如此迎难而上。

原因很简单，只有这样去读书，才会真正有用。

是的，有用——还记得前言里，我对本书描述的那句话吗？——"有趣，有用，有温度"，有用是非常重要的。

4

说到这里,很多家长或许会表示,他们都知道多读书对孩子很重要,也给自己孩子买了不少书,但架不住自己孩子就是不读。

对此,我想指出的是,对大多数家长而言,他们其实并不是真正知道读书的好处和用处有哪些,他们只是自认为知道——如果你真让他们说出读书到底有用在哪里,很多时候又会变得语焉不详。

我为什么要强调这一点,是因为很多时候我们都习惯了口是心非以及一知半解,很多我们想当然正确的道理其实更需要去深究,否则只会变成一句空话,或者自我安慰的谎言。

换言之,如果我们真的知道了读书到底有哪些用,以及对孩子的影响究竟有多大,相信我,我们家长在孩子的读书问题上会做得更多,也会做得更好。

所以在这里,我们真的需要认真分析一下读书到底有用在哪里,同样只有把这个先明确了,才会为后面的很多动作扫清障碍——毕竟,从我们以为知道到我们真正知道,这中间的距离是如此遥远,遥远到我们从浅尝辄止到持之以恒,甚至永不放弃。

多读书,多拿分

1

读书的"有用"究竟体现在哪里呢?

首先当然是成绩提升,考试提分。

现在孩子的中小学语文课本已经统改成了部编版教材——以前还有沪教版、苏教版、人教版等各种版本,到了今天全都是部编版。

部编版教材总主编温儒敏先生在第十届中国教育学会中学语文教学专业委员会换届会议上发表重要讲话,明确指出部编版语文教材最主要的特色就是"读书为要"，大量增加了读书的分量。阅读就是未来孩子学习语文最重要也是最核心的能力，孩子未来参加语文高考，可能有80%的题目连都读不完。因此拓展学生阅读面，扩大阅读量，对于解决语文教学长期以来存在的"读书少"的问题，会有帮助。

他还强调，部编版语文教材要对教师有制约作用，文章后提供的书目，学生不是可看可不看，而是必须看，且要整本书阅读，整本书阅读的功夫在课外，应以课外阅读为主，这些将和学生评估直接挂钩。

学生评估就是考试的意思，翻译成大白话说就是，将来语文考试会直接考到一些课本上没有或者不讲的名著。

温儒敏老先生的话当然绝对权威，我可以请大家看看，上海在初中分班考试中的语文作文题都长啥样——

请在《红楼梦》《围城》《老人与海》中选择一个你认为可悲可叹的人物进行描写，并结合实际生活表达自己的感受。

亲爱的家长朋友，语文考试大作文共计60分，这道题有同学一分都拿不到，为什么？因为他根本不知道《红楼梦》是什么，完全没看过；《围城》也不知道，听都没听过；甚至《老人与海》讲的是什么也不知道。好，就因为没有看过这些名著，60分全没了，就这样生生把自己变成了那个可悲可叹的人物，这要是中高考作文题，说会影响孩子一生也毫不为过。

综上，为什么我们现在希望孩子从小学开始就要大量阅读名著，更是要进行严肃阅读，确保孩子真正理解和掌握？

因为人家真考。

你读了，就可以拿分。你不读，就会失分，就这么简单。

2

好，既然提到了大家都很关心的考试，我不妨再多说几句。

在不少家长的感受里,现在的语文考试似乎越来越难了。比如2022年语文高考甲卷作文源自《红楼梦》里的"大观园试才题对额"、2022年新高考Ⅰ卷作文则围绕"围棋三手"做文章,这些作文题目别说现场写文章了,能够读通读懂都不容易,至于2023年各地中考的跨学科题型更是"难出天际",诸多考生直呼"爆难""明年复读见"……

对此,我想说的是,语文考试越来越难是真实的,语文学习越来越重要也是真实的——大考难的同时,新课改(新一轮基础教育课程改革)还不忘把语文课时占比提高到榜首,中考录取也是同分看语文——这些变化绝非偶然,而是近些年的教育改革对阅读有了更高的要求。

未来学习,对学生核心素养的要求会越来越高。综合性学习、跨学科学习、思辨性学习将成为主基调,靠刷题应付考试的时代将一去不复返,而阅读思考"从输入到输出"的过程,将能极大地塑造孩子的自主学习和思维认知能力。

这就是为什么,课外阅读成了很多家庭的教育首选,更是成为考试的重中之重。

在这种学习和考试背景下,孩子再不去读名著,不去进行严肃阅读,完全不可取。

3

最后,我还想跟大家探讨一个很大却也和我们每个家庭都息息相关的话题,那就是我们国家的教育变革和教育的核心内涵。

2022年,《义务教育语文课程标准》最新版问世了,我想告诉大家,今天的我们可以通过认真研读它,明白我们的孩子将要在中高考的时候注意些什么。

那么这本书到底传达了什么样的信息呢?我在将这本书读了很多很多遍后,总结出了以下三点:

首先,要建立文化自信,请记住,这是文化自信第一次被写入了新课标。

其次,倡导少做题,多读书,读好书,读整本书。

这非常重要,清晰地告诉我们,以往那种通过培训突击做题就能做对文学名著题目的时代一去不复返了。换言之,如果你没有读懂整本书,没有了解对应的时代背景,没有了解作者的喜怒哀乐,你几乎没有办法完成未来的语文学习。

第三,审美创造,希望孩子们能够拥有对于这个世界的审美能力。

家长们有没有发现,今天我们的孩子正渐渐失去了这种能力?他们眼中的美往往是短视频、是游戏,试问还有多少孩子会习惯抬头看看头顶的星空?还有多少孩子会记得王勃的《滕王阁序》当中的"潦水尽而寒潭清",那种雨后积水消尽,潭水寒冷而清澈的样子?他们都忘了。

因此,我们今天特别需要让孩子重新焕发对于这个世界的审美能力。

有一天,我上课的时候带着孩子们一起读书,我问孩子们春天到了,春天能让你们想到什么呢?孩子说我想到了冰雪融化,我想到了大地回暖,我想到了一片绿色盎然，也就这样。

可这时候，突然站起来了一个小女孩，她说出了这样的一番话，我感到特别的震惊。她说："什么是春天？春天是'昔我往矣，杨柳依依'的柔情似水；春天是'桃之夭夭，灼灼其华'的热烈灿烂；春天是'呦呦鹿鸣，食野之苹'的清新恬淡；春天更是'春日迟迟，卉木萋萋'的翘首期盼。"

那一瞬间，我被她深深打动了，因为她对于这个世界的审美达到了更高的层次。看到这些句子，我知道她一定读过《诗经》——我们很多家长会说："哎呀，诗经太难了，孩子们现在读怎么读得懂呢？"

《诗经》不难的，它是一种文化的传承，它跟我们血脉相连啊！它是2500年前我们的老祖宗，我们今天的身体里还流着他们的血液，他们面朝黄土背朝天，有一天突然有一个其中的老祖宗抬头看了一眼天上的星星，他说："好累啊，嘒彼小星，三五在东。肃肃宵征，夙夜在公。"有一天突然又有个老祖先抬头看了眼河对岸，他说："好美啊。蒹葭苍苍，白露为霜，所谓伊人，在水一方。"

他不难,他就是我们的生活。

以上就是这本《义务教育语文课程标准》最新版给予我们的明确指示,而这些,都将会立刻被体现在语文的各类学习和考试中。

升维思考，降维打击

在我看来，读书的有用性远远不只体现在学习提升、考试提分之上。

读书最大的"有用"其实更在于提升孩子的思辨能力和审美水平，继而塑造孩子的三观，让孩子变得温暖而慈悲。

关于读书，我一直持有三个观点：

1. 只有升维思考才能降维打击；
2. 读书塑造孩子的底层逻辑；
3. 读书让孩子变成更完整的人。

先说第一点。

大家都知道作文很重要，因为中高考时的作文总分太高了，那么在很多家长的认知中，孩子作文不好，当然就是去上作文补习班，学习各种写作技法——这看上去没什么问题，实则大错特错，因为很多家长根本不知道，自己子女作文之所以不好，本质上是因为他还是孩子，人生阅历尚浅，对于这个世界缺乏观察，对于自己更是缺乏思考，而正因为这些"缺乏甚至缺失"，所以他的作文才写不好，因此哪怕学了再多写作技巧，背会了再多好词好句，面对现在提倡思辨力的作文考题，也都于事无补。

再延展开一点说，现在有很多家长都深深诟病，为什么我给孩子报了那么多的语文辅导班，可是我家孩子的语文成绩却始终起不来？原因其实很简单，就是语文考试其实用到的技法很少，你再怎么针对性培训也没用，比如说阅读理解，能有什么特别的技巧？你能看懂比什么都重要，而这往往是你平时积累的知识量的体现，和其他没太大关系，那么怎么才能看懂？知识量如何才能提高？当然就是读书，读得多了，水平自然就提高了，你不读书，技巧再高明，话说得再漂亮，却始终说不到点子上，仍然于事无补。

其实，不光语文学习如此，所有科目的学习都一样，都不能头疼医头，脚疼医脚，都只有先把更高层级的认知问题解决了之后，才能去解决那些低层次的技法问题。

正所谓：会者不难，难者不会。你只有提升自己升维思考的能力，这样才能在具体的事上做到降维打击。

我觉得现在很多人，包括孩子，也包括很多大人，都没有这个升维思考的能力。所以我希望这本书，能够提升大家的思维，让他们对于这个世界的认知有一些变化。

好，对孩子成长而言，升维思考无比重要，可是，究竟如何才能实现升维思考呢？

最好的方法当然就是多读书，读好书，也就是我们一再强调的名著阅读，且是严肃阅读。

正所谓：一本好书，一次蜕变。阅读价值的根源在于书籍，读书越多，孩子的认知生命就越完整，所以我们才会说"携书如历三千世，无书唯度一平生"，意思说读书了就像经历了3000个不同的人生，而如果不读书，你只能过自己的这一辈子。

对此，我深以为然。

我经常对孩子们说，我们看到的每一首诗、每一本书，其实是一个人几十年的人生。

你说谁会有过这样的经历，出生19个月，视力没有了，听力也没有了，但是海伦·凯勒替我们度过了这样的日子，经历了这样的生活，看她的作品，我们自然也感受到了她对于光明的那种渴望。

你说谁会在21岁的时候就瘫痪了，坐在轮椅上再也站不起来了，却从未向命运真正屈服过，反而变得更加热爱生命——史铁生替我们感受了那样的生活，写出了《我与地坛》这样不朽的著作。

所以，只要读书，孩子们就像经历了成千上万种不同的人生，生命变得更加广袤，而如果不读书,你只能过自己的这一辈子,你的人生也只有一种活法——读书简直就是"用空间换时间"的极致体现啊!

请问世上还有比读书更美好、性价比更高的事吗?

没有了,真的没有了。

你只要读得多了,思维能力自然就会提升,当你读书读到一定境界,做什么事都是降维打击。

读书塑造孩子底层操作系统

总有不少家长问我:"庄老师,请问阅读的意义到底是什么?它真能提高我们家孩子的考试成绩吗?"

言下之意,如果不能提高考分,那么读书就没什么意义了。

情绪我自然理解,但对此我并不认同,如果单纯将读书和考试挂钩,那就把读书的价值看得太窄太小了。事实上,读书当然会提升孩子的考试成绩,这些前面我已经详细阐述过了,但更重要的是,读书更会让孩子建立起独立思考的能力,以及审视这个世界的能力。

换言之,读书塑造了孩子知识结构、兴趣爱好、人生志向的底层操作系统,这才是读书的最大意义和根本价值。

是的，操作系统，如果我们用手机做类比的话——众所周知，手机的性能并不由它装了什么APP（手机应用）所决定，而是由它的操作系统所决定，操作系统的版本越高，问题越少，上面的APP就会运行得更流畅，手机的性能也就会越好——语文、数学、英语这些个学科都是一个个的APP，都是可以通过下载、安装获得的，但光下载了、安装了还不行，必须依附在操作系统上才能够正常运行，而阅读正是孩子们的操作系统，离开了阅读，这些学科知识就无法高效甚至正常运行。

同理，这也就意味着，一个孩子将来能够达到多高的高度，取得什么样的成绩，核心并不取决于他学了多少语文、数学、英语的课本知识，而是他读过的书和他走过的路。

在我们现在这种选拔机制下，考试分数肯定很重要，但获取分数的途径是不一样的，我们不能通过反复的机械训练产生肌肉记忆取得分数,因为将来考试时很可能用不上,但如果分数是通过读书,通过我们对于这个世界的思考和审美获得的,才是真正有意义的。

换言之,只有底层操作系统的稳定和强大,才能让孩子到达更高更远的地方。

读书让生命变得更完整

有本书叫《格列佛游记》，中间有个非常有趣的片段，主角团们来到了一个叫巫师岛的地方，岛主有种特别神奇的能力，他能把以前死去的人再召唤出来，来跟他进行对话。

有一天上课，我在讲到这个桥段时，对孩子们说："同学们，请你们告诉我，如果我也拥有了这样的能力，你们现在最想看到谁？我立即给你召唤出来。"

这时候我就发现，孩子们的答案充分体现出了他们的人文素养——我也就明白，为什么很多阅卷老师可以在很短的时间内，就能给出一个作文的分数——因为他一眼看过去，就知道哪些孩子是读书的，哪些是不读书的。

有孩子说，我想见孙悟空，那他可能看过《西游记》；有人说，我想见诸葛亮，那他可能读过《三国演义》。这些都很平常，但你发现，有孩子想见的人叫萧红，我就知道他一定读过《呼兰河传》，还有的孩子说我想见的是海伦·凯勒，我就知道他一定读过《假如给我三天光明》。

所以那一瞬间我明白了，其实在一些特别简单的场景，通过一些特别简单的回答，我们就知道这个孩子到底读没读过书，以及读过什么样的书，体现出了怎样的人文素养。

现在的时代发展太快了，眼下都已经到了 AI 时代，我想说，很多技能和知识的学习，其实都是一些外在的能力。

比如说一些数学公式、英语单词之类，将来都可能被 AI 替代——未来某一天，当你头脑中植入一个芯片，同步所有数据，这些知识的获取能力就都不重要了。

重要的是对这些知识的筛选能力、运用能力，以及我们对事物的情感和态度。

AI再怎么强大,也很难模拟出我们人类的这种情感和态度。

所以,为什么要读书?

因为阅读可以让孩子变成一个更完整的人——通过大量阅读,特别是对一些经典名著的阅读,他能够明白这个世界上真正的、人类最基础的情感,从而变得柔软而慈悲。

这种情感是我们永远不可或缺的,也是永远无法被替代的。

举个很真实的例子,几乎每次我直播讲完《呼兰河传》,很多家长都疑惑:为什么我的孩子听课的时候会不停流眼泪,甚至坐在那儿号啕大哭?哭得连纸巾都不够用了。

更有甚者,很多妈妈爸爸陪孩子一起听课,然后会一起边听边哭。

为什么?

原因很简单，因为我们被《呼兰河传》深深打动了，我们走心动情了——不光是我的学生们，包括我自己，每次在讲《呼兰河传》时，也都会情难自禁到流泪。

我们会想，作者萧红人生太过苦短了——出生在20世纪初的东北，然后一路辗转，颠沛流离，婚姻也很是不幸，初生的孩子还夭折了，最终31岁那年在战乱中孤独离世——但是，真正打动人的并不是她悲惨的人生，而是她在如此动荡且短暂的人生中，写下了《呼兰河传》，其选篇《祖父的园子》更是被收录进部编版五年级语文教科书。

在《祖父的园子》里，萧红讲到自己的家族很是封建，父亲和继母一点都不喜欢她，祖母更是拿针戳她的手，只有祖父带着她到处玩，给了她童年为数不多的快乐。所以她说，祖父是她黑暗凄凉人生里的第一盏灯，给予她第一缕光明和第一丝温暖。

每次直播时我讲到这里，就会想起我的爷爷奶奶，想起很多亲人，然后总觉得萧红就坐在我身边，真的，这种感觉特别强烈。然后我就会对同学们说:"萧红回来了,现在就在我身边,她回来跟我们讲她的人生故事,讲她这一路是怎样度过的,又是如何支撑着走下去的,她说再凄苦的人生,都会有那么一两个人,或者一两件事,给你继续前行的力量和温暖。"

听到这样的讲述,再看着《祖父的园子》里的文字,孩子们的心灵就会变得很柔软。然后我会继续说:"孩子们,你们爷爷奶奶、爸爸妈妈就在身边的,现在赶紧起来,我给你们一分钟,你们过去拥抱他们,抱完你再回来上课。"

所以很多家长和孩子会抱头痛哭,就是这种情感所致——人类真正共情的底层情感,在那一刻,通过读书被带动了出来。

事实上,很多人这辈子都不明白这究竟是一种怎样的体验,大家可能会觉得玩手游带来的快感很直接,包括现在看一些短视频,开头几秒就要给到我们吸引力,否则就没耐心地划走——这些虽然能有短暂的感官刺激,但它不是持久高级的有趣。读书不会这样,它很高级,也很持久。我们要做的就是通过读书,让孩子懂得珍惜,习得爱的能力,去爱身边的亲人,去爱这个世界。

所以我特别想告诉所有的家长们,文化的教育是心灵的教育,科学技术知识只是武装他的四肢,读书却可以让每一个孩子变得柔软、温暖而慈悲。

一本好书
一次成长

身体去不了的地方，眼睛可以
眼睛去不了的地方，灵魂可以
灵魂去不了的地方，文字可以

读书这件事
孩子如果觉得快乐
根本不需要你动员
他如果觉得不快乐
你就算说再多道理也于事无补
甚至只会适得其反
让孩子觉得读书有趣、产生成就感
孩子就会爱上阅读

Part 3

挑战

孩子不快乐当然不读书

孩子究竟为何不读书？

前面我们用了不少篇幅，详细梳理了读书对孩子的"作用"。

只有真正厘清了当下读书之于孩子的价值，方能更好地解决那个横亘在很多家长心头的"千古难题"——既然读书明明这么重要，但我家孩子就是不爱读，怎么办？

现在，我们来回答这个问题。

要想更好地回答，我们其实可以先反过来想想，为什么很多孩子特别爱看漫画和网文，根本不需要你动员？

原因很简单，他看的时候感到轻松且愉悦——前面说了，看漫画和网文，都是在孩子的舒适区。他看的时候觉得舒服，当然就会更有兴趣。

我们还可以再"夸张"一点进行对比：为什么现在绝大多数孩子好像天生就爱玩游戏，你不让他玩都不行，怎么防都防不住？

原因同样很简单，当然是很爽。

是的，打游戏会很爽——孩子们在游戏世界里每砍怪兽一刀，那个怪兽都会掉点血，然后自己的功力则会增加一点，这种及时的正向反馈让他觉得打游戏非常有获得感和成就感，然后自然就会更加投入地去打怪升级，继而获得更多的爽感。

读书呢？会让孩子读的时候很快乐很爽吗？

不会！

有没有让孩子及时拥有获得感和成就感？

没有！

好吧，答案已经呼之欲出——请问孩子为什么不爱读书？

根本原因当然就是很多名著都不好读，读的时候很不爽，就算硬着头皮读完了也不会觉得自己有多厉害。

这种情况下，爱读才怪。

是的，我们必须承认，读书真的是一件挺枯燥、挺孤独的事——当然也会有那种天生就看读名著的孩子，比如我当年就是，但是这种孩子太少太少了，特别是在娱乐设施无比丰富，获得快乐非常便捷的当下，本来属于自己的时间就很少，干什么不好，要去读书？

因此，亲爱的家长朋友们，如果下次你再扔一本名著给你的孩子，然后说"快看吧，特别好，咦，你怎么还不看？"时，你要先问自己，他快乐吗？

绝大多数孩子在这种情况下进行阅读都是不快乐的。

别说孩子了，就算我们大人，现在又有几个能够耐得住寂寞，安心去读书的。

一件事，如果大家做起来都很难，孩子只会更难；如果大家都做不到，就不能想当然地去要求孩子做到。

总之，读书这件事，孩子如果觉得快乐，根本不需要你动员。

但是，他如果觉得不快乐，你就算说再多道理也于事无补，甚至只会适得其反。

所以，究竟如何才能让孩子爱上阅读呢？

当然是要让孩子觉得有趣，获得快乐，产生成就感。

好，现在的问题变成了：如何才能让孩子在读书过程当中获得快乐，产生成就感？

为了解决这个问题，过去六年，我和我的同事们一直在努力，并且取得了优异的成绩，相信我们的经验和方法，一定会对您有启发。

要引导，更要陪伴

1

为了能让孩子读书时感到很爽，我首先要做的就是去体验他们现在读书时的"不爽"，从而找到那个真正的痛点到底在哪里。

前面说了，我自己属于那种天生爱读书的人，因此，我专门去做了件事，一件让我极其不爽的事——报名学了一门自己特别差的科目。

这门科目就是美术。

哎呀，一想到美术课我就头大，毫不夸张地说，每次画画的时候我都如坐针毡，痛不欲生，因此用来体验，再合适不过。

首先看看某位美术老师是怎么教我画画的。

我说："老师，我想画羊。"

他说："画羊啊，特别简单，你先在纸上画一个大大的U。"

注意啊，他说的是"特别简单"，但是对我来说，就算只是画一个U，其实也挺难的，我费了老大的劲儿，才在纸上画出一个特别难看的U，顿时觉得自己简直太笨了，怎么连这么简单的事都做不到——好，不爽已经开始了。

老师皱了皱眉，又说："下面你再加两个小点，这就是羊的眼睛。"

这个不难，我赶紧老老实实地在U中间点了两下，哎呀，怎么感觉这羊有点儿又蠢又萌呢？

老师接着说："你再画一圈云，然后给云加上四条腿。"

我都照做了——可是瞅着也不咋像羊啊，简直太丑了，心里就等着老师给我最后放个大招，把这只丑小羊给"救活"。

结果最后,这位老师轻描淡写地对我说:"好了,你再加点阴影就可以了。"

好,以上就是我学画羊的全过程——亲爱的朋友们,我只是个初学者,完全没有绘画基础的好不好?现在老师突然让我给这丑玩意儿加点阴影,我怎么可能加得出来?就算加出来了,又怎么可能加得正合适,加得让这个 U 像只羊?

于是我举着画笔,怔怔地看着老师。

结果那个老师也怔怔地盯着我看,意思是我怎么那么笨呢,连这个都不会!

那一刻,我明白了,原来在所有美术老师的心目中,给物体加阴影是一件特别简单,根本不用学也应该会的事。

也就是在那一刻,我终于明白,很多孩子读书的感觉,跟我学美术一模一样——你觉得特别简单,他根本不会;你觉得理所当然,他觉得匪夷所思;你觉得无法理解,他觉得莫名其妙。

这种鸡同鸭讲、不被认可的感觉，实在太不爽了。

这又让我回想起高中学数学时，最怕数学老师说："同学们，现在你们把AB两点连起来，这个就叫辅助线，好了，下面开始做题。"——好吧，你能够听懂他说的每个字，可是照样什么都不会做，因为你的痛点不是连接AB两点形成辅助线，而是不懂为啥要连这两点啊！

当时没人告诉我，只能自己瞎琢磨，问题是，我要连这个都能琢磨出来，我还要去学吗？我早当科学家了。

最后还是只能去问老师，结果数学老师同样一脸不可思议地告诉我："你研究这个干吗，你记下来不就行了。"

可是优秀的数学老师是这么讲课的："同学们，所有已知条件汇聚于A点，所有未知信息汇聚于B点，要想从已知推导未知，就要建立两者的联系，所以需要勾画出AB两点形成辅助线。下面，我们来做10道关于辅助线勾画的练习。"

什么叫好老师？这就是，因为他不但会告诉你这样做，还会告诉你为什么要这样做。

2

读书也一样，对于那些"晦涩难懂"的经典名著，不是说孩子认识书上的每一个字，就可以开开心心去阅读了。

那样就算读完了，也和没读没什么区别，因为他看的都只是表面，根本不知道这本书到底讲了什么。

因此，读书绝对不只是孩子自己的事，他需要有人去加以讲解，进行引导，讲出那些文字背后的故事和道理，只有这样，孩子才可能真正将书读懂，进而内化成自己的各项能力。

问题的关键正在于此，且不说现在能够引导，愿意引导孩子读书的家长和老师少之又少，就算有，大多数家长和老师也都是站在自己的角度去讲书，讲完了拉倒，孩子能不能听懂，能够听懂多少，不在他们的考虑范畴。

这当然不行，今天家长和老师的知识水平在这，孩子的知识水平在那，你不能说哪个字不认识，我告诉你，你读就好了，不能。

这就好比老师和家长已经站在楼上了，然后对楼下眼巴巴张望的孩子说："你快上来吧，上面风景可美好了，咦，你怎么还不上来呢？"

他是想上去啊，可是他上得去吗？

正确的做法，不是让孩子上去找你，而是你必须从上面先下来，下到跟孩子一样的高度，然后牵着他的手，带领着他往前走。直到有一天你不在他身边了，他还能往前走，往上爬，这才是好的家长和老师，这才是关于读书，甚至关于教育，最正确的引导方式。

3

今天的孩子，真的有好多我们以为他知道，但其实他不知道的事。

举个例子，我曾经问五年级的孩子，平安夜是什么意思？

我想当然认为他们都应该知道，可是孩子的回答五花八门，甚至还有人说平安夜是国庆节的头一天。

我又问他们鲁迅姓什么。

有个孩子说鲁迅当然姓鲁啊，出生于浙江周树——他天天在学校背，以为"周树"是个地方，鲁迅就是浙江这个叫周树的地方的人。

所以那一瞬间，我就明白了，关于读书，孩子不喜欢读，或者读不懂，都是需要我们加以引导的，并且我们绝不能想当然地认为他们都知道。因此我们的引导不应从自我出发，直接去告诉孩子我们对一本书的理解和认知，没用的，就算孩子死记硬背都不行，那样根本不叫读书，因为他没法通过读书形成自己的能力，他只是在背题，并且背得越多，忘得越多，最后只会更加不爽，更加抵抗。

反过来讲，如何才能让孩子不抵抗？当然是我们这些引导他们读书的人先从"高处"下来，然后从孩子的视角、喜好,以及水平出发,用孩子喜闻乐见的方式、听得懂的语言,告诉他们为什么要读书,以及如何去读书。

因此,关于如何让孩子爱上阅读,最关键的正是第一步:正确的引导。

这一步没做好,一步错,步步错。

4

相信很多家长看到这里,肯定会不禁倒吸一口凉气:好难啊!

是挺难的,但这还只是开始,我想说的是,正确的引导是让孩子爱上阅读的第一步,更难的还在后面,那就是陪伴。

没错,不光引导,还要陪伴,唯有如此,才能更大概率地让你的孩子爱上阅读,并且持续阅读,最终从中受益。

好,何谓陪伴?

就是字面意思，陪着你孩子一起读书，好比结伴而行，大家在路上一起歌唱，彼此打气，对方累的时候拉上一把，对方落伍后等上一会儿，对方到达终点了给予真心的祝贺和热烈的掌声。

陪伴为什么更难？因为需要投入大量时间和精力，更需要及时给孩子以安慰和鼓励、肯定和赞美——孩子获得的肯定和赞美多了，自然就会更加容易产生愉悦感，拥有成就感——当一个孩子在很小的时候，就能够掌握看上去很高难度而且别人都不会的东西时，他自然会由内而外地产生成就感。

说来说去，读书真的一点都不简单，只是很多时候我们将之想得太简单了。

5

总而言之，在孩子的阅读之路上，正确的引导会让他读得进去，长时间的陪伴则让他读得下去，两者相互配合，彼此协力。一本名著，哪怕再长再晦涩，孩子既能读得进去，又能读得下去，而且读的时候很快乐，读完了还能有成就感，他自然就会对阅读产生兴趣，继而形成自驱力，最终慢慢爱上阅读。

想想这也不是什么原创，我们古人读书，身边往往都有两个人，一个书童，一个先生。

先生用来引导读书，书童用来陪伴读书。

千百年来的经验，老祖宗的智慧，过去好使，现在依然管用。

找到孩子的老师和书童

1

前面分析了很多原理,现在讲案例,看看我是如何引导我儿子读书的。

我们家老大庄为,他在 5 岁多一点的时候就读完了《论语》,一开始当然看不懂,也根本不愿意看,但是《论语》多好啊,对孩子的成长多重要啊,所以我决定先讲给他听,让他对《论语》产生兴趣,然后再陪着他一起读。

对我来说,要做到这点说容易也容易,因为《论语》我太熟了,可说难还真有点儿难——我很可能是第一个为了自家孩子读书还要去做PPT课件的家长,并且做完PPT后天天对着墙壁练习,等到背得滚瓜烂熟后才去讲给他听。

我是这么讲的。

我说,儿子啊,那是一场发生在公元前552年的开学典礼,校长兼主持人叫孔丘,跟你爸干的是一样的活儿,也是一家教学机构的负责人,那右侧是他的名片,扫码可以加孔子的微信——微信二维码当然是我自己的咯——话音刚落,我儿子眼睛瞬间瞪圆了,嘴角也流露出笑意,注意力全部落在了我的身上。

好,继续,儿子呀,在你们幼儿园,语文老师和数学老师是不是两个人呀?他说,对啊,都是不同的老师。我撇撇嘴说,但是孔子太猛了,因为他特别博学,所有课他一个人都能讲。所以他是一名很厉害的教育家,那么孔子的学校都学啥呢?叫作"礼、乐、射、御、书、数",这在我们古代就叫"六艺",就好比你现在的语文课、数学课、体育课、骑马课和打仗课,明白了吗?

儿子连连点头,说爸爸,我知道了,六艺真有趣,我也想学。

那什么叫《论语》呢?《论语》就是孔子跟孩子们"吹牛"呢,孔子跟他的弟子说,同学们,我现在说的每句话你们都要记下来,因为将来会有很多大的出版社找你们出书。

我儿子又说明白了,原来《论语》就是记录孔子和他弟子之间对话的书籍。

如果说前面的还挺简单,后面要讲的就有些挑战了——颜回、子路、子贡是孔子的三名弟子,也是反复在《论语》中出现的人物,为了让我儿子了解他们仨,我必须安排一场别开生面的班干部选举。

首先出场的这个人叫子路,是个学渣,特别喜欢跟孔子抬杠——雄赳赳气昂昂,背起书包上学堂,老师教我恭俭让,我跟老师死抬杠,这哥们后来被评为班级的体育委员。

第二个人是一个富二代,叫子贡——黄金爵白玉带,孔门有个高富帅,点子多脑子快,有房有车有

Wi-Fi。

我儿子一听 Wi-Fi，知道了，原来他就是负责对外沟通的人，那么他自然就被选为班级的宣传委员——事实上在《论语》当中，子贡就负责给孔子打理东周列国的关系。

第三个人是孩子们的学霸偶像，叫颜回——居陋室，住小巷，特别穷但论学习我最强——这段话在《论语》当中是这么说的：一箪食，一瓢饮，在陋巷，人不堪其忧，回也不改其乐——孩子根本听不懂，必须讲成刚才的样子，所以颜回被评为班级的学习委员。

总之，在我的讲解下，我儿子觉得《论语》简直太有意思了，他觉得好玩就会愿意读，愿意读就会学得快，等学明白了发现同龄人都还不会呢，就有成就感，于是变得更加愿意去读去学了——正反馈就此形成了。

2

我在不少场合讲过庄为学习《论语》的这个小故事，对此，很多家长朋友都表示："庄老师，你本身就是青少年阅读领域的专家，做起来自然驾轻就熟，但是对我们来说，要想引导和陪伴自己孩子读书，实在太难了。"

此言非虚，对于现在的孩子而言，两大生活场景莫过于家和学校。首先不是每个家庭都刚好有一个水平既高，又懂得如何和孩子交流，关键还有充裕时间去带孩子一起读书的家长。就算有，他们也往往不清楚在当前的学习要求下，应该给孩子读什么书，以及如何才能把读完的成果体现到课业和考试当中。

所以如何让他们去陪伴，去引导？

学校老师的知识水平倒是都足够，但实际上他们也做不到，因为老师们都太忙了，教学任务太重了，属于自己的时间太少了，让他们专门抽出时间和精力对孩子的课外阅读进行长期的引导和陪伴，太不切实际了。

因此,如何让孩子爱上阅读这个问题,现在又变成了如何找到既能够正确引导,又能够长期陪伴孩子读书的那个人,那个孩子的"老师+书童"。

问题依然存在,但变得越来越清晰,越来越具体,答案也呼之欲出。

3

答案是什么?当然是给你的孩子找专业的阅读指导老师。

正所谓:专业的事交给专业的人去做,这些年涌现出了很多的名师,他们的专业和热情可以高效帮助孩子在阅读之路上走得更快,更稳,也更远。

这中间,当然也包括我。

我想,每个阅读指导老师都有自己的方法,也各有各的精彩,大家都非常棒。

那于我而言，奉行的自然就是"引导+陪伴"——我既是孩子们的老师，也是孩子们的书童，对于这两个身份，我甘之如饴。

事实上，从想到这四个字，到做到这四个字，我整整用了十年。

不出意外的话，我还将拥有好几个十年，往后余生，我都会紧紧践行这四个字，让更多孩子爱上阅读，受惠阅读。

那么，在引导及陪伴孩子读书这件事上，我到底是如何做的？为什么我的读书现在会受到越来越多家长的认可，孩子的喜爱？

接下去，我会将我详细的读书方法以及我精心遴选出来的书单和大家分享，让家长朋友们即使在家，也可以更好地去引导、陪伴自己的孩子读书。

庄重读书会
陪伴孩子们好好读书
认识世界
用阅读
滋养孩子有趣的灵魂

读书是一种
持久且高级的趣味
我们要做的就是通过读书
让孩子懂得珍惜
习得爱的能力
去爱身边的人
去爱这个世界

Part 4

方法

引导让孩子读进去
陪伴让孩子读下去

我的直播读书课

就像每天晚上我都会在儿子的床边,给他们读半小时书一样,每个星期,我都会准时出现在屏幕前,和好几万名孩子一起读书。

是的,我的每堂读书课都是直播,这和大多数阅读机构采取录播课教学方式大相径庭。

其实坚持做直播课很累,因为非常耗人,而从商业上讲,但凡特别耗人的就不是好的商业模式,因此多年来,我坚持只做直播课其实一直影响着市场对我们公司的估值。

所以经常会有朋友和同事劝我放弃直播,至少不要全部是直播。

但是迄今为止，我还是坚持只做直播，谁说都不听。

原因很简单，虽然从效率上来说，直播课比不过录播课，但从教学效果来说，直播课就要比录播课高出太多了。

为什么会如此？

首先当然只有直播才能确保我讲的内容都是最新最当下的，相比而言，很多录播课采用的素材都是陈旧的，甚至是过时的，这肯定不行，在我眼中，这样是对孩子的极度不负责。

每次直播，我和我的学生们之间隔着一个屏幕，但是我们依然是时空同频的，这种同频的感受就特别好，比如我会讲很多近两天刚刚发生的事儿，甚至正在发生的事，比如讲着讲着，外面突然下雨了，我说同学们快停下来，到窗口去听听雨声，感受一下李商隐笔下的"何当共剪西窗烛，却话巴山夜雨时"；再比如直播当天如果正好是父亲节或者母亲节，我会让孩子们下课后赶紧去抱抱自己的爸爸妈妈——这些都是只有直播才能做到的。

其次，对于分散在各个城市，甚至不同国家的我们而言，当前只有直播，才能在最大程度上做到真正的陪伴。

前面说了，陪伴不是一朝一夕的事，其最难也最重要之处正在于你要稳定且长期，你想想，对孩子们而言，每周一个固定时间，都能看到我坐在那儿，等着和自己一起读书，风雨无阻，永远不变，他自然就会有安全感，会感受到我一定可以陪他一起走完这条路，这种安全感和信心非常重要。

我曾看到一句话，很是打动我，叫"偶尔去治愈，常常去帮助，总是去安慰"，这是长眠在纽约东北部撒拉纳克湖畔特鲁多医生的墓志铭。这句话充分诠释了病人眼中的好医生的模样。那在我心里，好老师也应当如此——他会一边给学生以学习指导，一边陪着学生把剩下的路一起走完。

记得到2023年为止我发过两次高烧，每次生病的第二天最为难受，喉咙成了"刀片嗓"，每说一句话都特别疼，结果又都正好赶上周末的直播读书课，当然了，对我而言，别说生病了，只要还有一口气在，都肯定要兑现陪伴孩子们读书的承诺，所以课肯定是照上无误，直播时其实孩子也知道我生病了，正发着高烧呢，身体很痛苦，但是当他们看到我在这种情况下依然激情澎湃，我的教学风格没有任何改变，教学质量更是毫不受影响，交付的结果依旧很高很好，这种情况下他们自然会有很多感悟，至少会明白，今后不要因为一些小病小痛、小事小情就随意请假，他们也会明白人要放弃一件事太容易了，坚持却很难，但很多时候只要你坚持了，就会拥有更好的结果。

什么叫言传身教？这就叫言传身教。

真的，这个时候你根本不需要再讲多少大道理，你就去做你认为应该做、值得做的事，过去怎么做，现在还怎么做，并且一直做下去，孩子们都特别聪明，他们看到你这么做了，心里就都会明白的。

因此，在资本和市场眼里，我们读书会或许还算不上多好的公司，但在家长和学生眼中，一定是特别好的公司，后者对我而言，才是最为重要的。

讲课当然要有趣

前面讲的都是一些基础和准备，真正落实"引导和陪伴"的，还是我们的直播课程，对此，我也进行了精心设计，将一小时的直播课分为六步。

首先是课前的阅读预习，通过我们事先准备的资料，让孩子们提前三分钟进行预习，从而简单了解本节课堂所讲内容，把握好重点。

接下去则是脉络阅读，通过思维导图的形式，对整本书的脉络进行梳理。

然后便开始原文阅读，我会梳理出作品的精华片段，让孩子体验名著的魅力。

接着是拓展阅读，我会讲解与原文有关的阅读素材，帮助孩子打开视野，积累写作素材。

第五步是立意阅读，我会从文本出发，提炼出作品的价值观，让孩子的情感得到升华。还会融入时事热点，把当下的生活和作品的价值相结合，让孩子对作品的立意进一步掌握。

最后则是真题阅读，我会链接出和作品相关的考试真题，从而让孩子做到学有所用，学以致用。

每堂直播课，通过这六大步骤，不但能够让孩子在每周一小时的读书课上弄懂书的逻辑脉络，感受到原文的精彩以及领悟到作品的核心价值，更是会在其基础上拓宽孩子的视野，积累写作素材，提升思辨力，最后则在潜移默化中形成自己的正向价值观。

当然了，课程的流程会让学习效率变得更高，效果变得更好，但是解决不了我们前面再三强调的"有趣"，而是否有趣直接关系到引导及陪伴孩子读书的效果。

换句话说，你阅读再怎么分级，课程再怎么合理，如果在讲授的过程中做不到有趣,一切都是白搭。

因此,有趣才是1,其他的都是0,如果没有这个1,其他都没有意义,有了这个1,后面的0越多,我们的课程才会更有价值。

事实上,有趣也成了我们读书会最大的护城河——读书的道理人人都会讲,读书的方法人人也都有,但真正能做到让课堂变得生动有趣,孩子们爱听,我们读书会不敢说唯一,却也真的是"拿着望远镜都找不到对手"。

好,那我究竟是如何才做到"有趣"的呢?"有趣"又体现在哪些地方呢?

首先,当然是要让孩子发现名著背后有趣的所在——对于名著,大家往往有一种刻板印象,那就是名著都很无聊,很艰深,甚至很晦涩,这些当然都是事实,但是这并不妨碍大多数名著也可以是有趣的。我会结合作家的创作背景,以及一些热点时事,然后通过孩子们喜闻乐见的方式来讲述,从而让孩子们感受到名著的趣味性。

比如前面写到的我给我儿子讲《论语》的故事，是不是就很有趣？

再比如，我在讲解《窗边的小豆豆》时，会给孩子们先分享我们身边的"巴学园"——徐州泉山百草园之家幼儿园，通过生动的图文，吸引孩子的注意力，让孩子意识到原来小豆豆读书的"巴学园"竟然那么吸引人，并且离我们一点儿都不遥远，等他们有了这层感受后，再自然而然地与书中所分享的道理做一个完美结合，继而让孩子们明白回归本我的教育究竟有多吸引人。

案例还有很多，我想只要我们足够用心，就可以将很多名著中的这份"有趣"挖掘出来，分享给孩子。

其次自然就是讲课风格的有趣了，这个更难也更重要——无论哪本书，无论这书有没有趣，我都一定要讲出趣味来，绝不能读死书，更不能死读书，我只有讲得有趣了，孩子们在一个小时直播课上的注意力才会紧紧放在我身上，我前面所有的努力才不会白费。

当然了，讲课有趣这件事对我来说并不难，早在新东方工作时期,我就是专门给老师们培训如何去上课的高级讲师,几千小时的实战积累让我在讲课有趣这种能力上早已驾轻就熟,毫不夸张地说,很多孩子上我的课,从头乐到尾,但同时又能很专注和投入,然后在欢声笑语中爱上了读书。

我具体是这样去做的:为了让整个授课过程变得更加有趣,我要求自己先不要直接讲书,而是先讲时事——和孩子们分享过去七天都发生了哪些好玩有趣的事儿,甚至是一些家长里短,孩子们最爱听这些,当然这些都得是精心设计的、和书相关的内容,是可以让孩子们代入进书中的,否则孩子们会疑惑,自己为什么要读一本发生在一百年前,甚至几百年前的书籍,以及这书到底和自己有什么关系,对自己会有什么样的帮助——我需要通过这种方式让他先消除戒备以及一些刻板印象。

有时候,在我的精读课上,我还会通过一些小故事、流行歌曲,以及电影片段来提升孩子的兴趣,在轻松、欢乐的氛围下和孩子们互动聊天,让孩子感觉我不是老师，而是一位很亲切的大哥哥，反正和他们是一伙儿的——当然，讲故事也好，唱歌看电影也罢，同样都得和我所要讲的书有紧密关系，绝对不是为了聊而聊，那不叫有趣，那叫恶搞。

等到了正式讲书环节时，我更是会逐字逐句、声情并茂地朗读原文，我的动作会有些夸张，但这样的确会更加吸引孩子的注意力，同时再辅助大量的补充素材，或者让孩子们眼前一亮的相关阅读、写作技巧，旁征博引，娓娓道出书中蕴含的深刻道理，从而让孩子醍醐灌顶，大有所获。

总之，挖掘出书中的有趣之处，同时用有趣的方式去讲课，这样就能在不知不觉调动起孩子对阅读的兴趣。只要孩子有了兴趣，再学起来就效率更高，效果也更好。

不但要有趣，更要讲通透

通过前面对我直播课程的详细介绍，相信肯定有朋友已经发现，我们读书课对我的要求非常之高。

的确如此。

虽然我们现在已经有十万名学员，但是老师，只有我一个。

是的，你没听错，所有课程都由我一人亲授，每个孩子，都是我的亲传弟子。

请问，这样做有没有风险？当然有。这样做我的压力大不大？特别大。

我经常说笑，如果我哪一天突然过去了，这个读书会也就完了。

但是哪怕风险再高，我都愿意承担；哪怕压力再大，我也能够承受。

只因那么多家长和孩子对我充满期待，我必须做好，也一定可以做好。

事实上，成为我们国家青少年阅读领域最好的老师是我矢志不渝的追求，对此我也抱有绝对的信心。

当然，有追求、有信心非常重要，但是光有追求和信心还远远不行。

在成为"最好"的道路上，更需要的当然还是实力，绝对的实力——那么这个实力到底是什么呢？要想成为一个最好的老师，除了讲课有趣外，还要做到什么呢？

这个答案也是非常明确的，那就是可以真正将书讲通讲透，如果做不到这点的话，孩子上我的课光剩高兴了，那肯定也不行。

换句话说，有趣只是手段，讲透才是目的，本末绝不能倒置。

那怎样才叫讲透呢？依旧先给大家讲个故事。

我曾经听过一堂英语公开课,印象非常深刻,当时那个老师进来后就说:"同学们啊,你们知道吗?昨天股市大跌,我的股票一下子亏了好几万块,真是太惨了,如果我早知道是这个结果的话,当初就不会花那么多钱投资在股市上了。"

同学都蒙了,一个英语老师跟我讲这干什么?

结果这个老师话锋一转,说:"今天我们要讲的叫虚拟语气,如果怎么样,我就怎么样,这就是虚拟语气,你们懂了吗?"

太牛了,这就叫讲通讲透,这就是顶级的老师——他没有像其他老师那样,先让大家打开教材,翻到指定页码,然后去阅读相关概念——他不直接讲书,而是讲自己的生活,讲自己无比悲痛、悔不当初的心情,在引发同学们好奇的同时让大家明白了虚拟语气的两个功能:第一表示与事实相反;第二表示一种遗憾惋惜的情绪。他只需要三言两语就都讲明白了。

讲书同样需要这样的技巧和智慧,我经常跟同事们说,我们现在最小的孩子才上一年级,你给他讲欧·亨利的《最后一片叶子》，希望他们能够从这篇文章中感受到"只要心里充满希望，眼里就能看到阳光"，其实真挺难的。

就好比一个游泳池的水，总共才半米深，不但要教会孩子游泳，还要让孩子在里面游出各种花样，这对老师的要求简直太高了。

但是，正因为难，又很重要，所以我们才要去做，而且要做好。

具体怎么做？怎样才能让孩子们在愉悦的心情下读懂读透读通？

我的解决方案就是先"投其所好"，从孩子感兴趣的事物出发，然后再去做一个迁移化的解读。

比如说，我们现在如果想告诉孩子人要有梦想，就不能直接对他说人要有梦想，否则他天天在学校里老师也跟他讲人要有梦想，回到家后家长又跟他讲人要有梦想，他早就没什么梦想了，那我们就先给他放一首周杰伦的《蜗牛》。

>我要一步一步往上爬
>等待阳光静静看着它的脸
>小小的天有大大的梦想
>重重的壳裹着轻轻的仰望
>我要一步一步往上爬
>在最高点乘着叶片往前飞
>让风吹干流过的泪和汗
>总有一天我有属于我的天

好,孩子们都很喜欢周杰伦对不对?然后这首歌很好听是不是?你给孩子放这首歌,孩子们首先爱听,然后听完了自然就知道什么叫梦想,胜过于你千言万语讲大道理。

很难吗?其实还挺难的,难在哪里?难在用心上——你既要找到孩子们喜欢的载体,还得合适,这需要大量的案头工作和反复的演练——但就是因为这份用心,孩子们才更容易去读懂一本书,这也是孩子们更喜欢我们的原因。

再比如，前段时间刀郎有首特别火的歌叫《罗刹海市》，很多孩子都很喜欢唱，如果我们在课堂上放这首歌，当然很容易就吸引孩子的注意力，甚至可以立即提升孩子的情绪，但是这些同样只是手段，我们必须找到这首歌背后的故事，并且迁移到他所读的书上。

为了弄清楚这首歌的创作背景，我专程去到了蒲松龄的故居进行考察，因为《罗刹海市》本是《聊斋志异》里的一篇小说，讲一个帅哥去到一个地方，发现那儿的人长得特别丑，可是那些丑人看到他呢，也觉得他特别丑，就是大家的审美全乱了。那蒲松龄就以此来讽刺当时的官场——你挑的都是一帮什么歪瓜裂枣？像我这种大才却无人赏识，怀才不遇，你们这帮官老爷简直是有眼无珠——他通过这篇小说其实就是想来讽刺这个。

因此，我们必须真正落地，深入去了解每一首歌、每一本书背后的知识和故事，否则你光让他读书，说下面让我们来看《聊斋志异》吧，他心里就会想我凭什么要跟你看《聊斋志异》，我看你像《聊斋志异》，他完全不感兴趣。也只有如此深入浅出地去讲解，才真正能够做到让孩子去读懂读透读通。

　　总而言之,我上课的核心是让学生觉得有趣,心里喜欢,然后还觉得不难,一听就能懂,否则读书这件事,本来就枯燥,如果你再讲得很干巴很无聊关键还让人听不懂,那谁还会愿意听你的呢?如果学生不愿意听你讲课,你说再多的大话,发再大的愿景,最终只能落得一场笑话。

成绩提升,考试提分

前面说了很多我们是怎么做的,现在说一下我们为什么要这么做。

好,我们为什么要去做各种阅读分级和主题阅读?为什么要进行泛读和精读?又为什么追求讲课有趣的同时更要讲通讲透?

这和我们的初心与愿景密不可分,在序言里我提到过,我们读书会的根本目的是要让孩子爱上读书,受益于读书。如何爱上读书当然是通过我们的引导加陪伴,至于受益,则分为三层:首先是考试提分;然后是养成思辨性看问题的能力;最后则是建立起正向价值观。

可以这么说,我们课程所有的设置,都是以终为始，紧紧锚定这三点出发的。

首先说下考试提分。

正如前面所讲，在我看来，现在的青少年需要读书不只是爱好，而是刚需。对学生而言，刚需首当其冲自然就是成绩提升，考试提分。

现在无论教育部，还是每所学校，都推荐了很多书给孩子读，这些作品也确实必须读，因为真会考到，读了就能拿分——这个大家都已经知道了，但问题是，很多学校光负责推荐，但不负责讲，因为老师真没空，那你让孩子自己去看，先别说他喜不喜欢看，能不能看得懂，光有没有时间去读完都不好说，现在孩子事儿太多了，要学习，还要娱乐，当然也要休息，哪有那么多时间去读书？

这听上去或许有些让人不舒服，但就是事实。

所以对我们读书会而言，首要考虑的就是如何才能让孩子省时省力去知道一本书到底讲了什么，然后考试的时候能够用得上。

所以，我们当然不能是常规的读书方法，比如先翻开第一页，然后从目录开始一直读到最后，这样我们虽然更简单了，但是也就没什么价值了，因此，对于一些必读名著，我们必须更合理更高效地去拆解它，这当然不是一件容易的事，因为很多名著的结构是非常丰富甚至复杂的，有些作品可能是明线暗线交叉，有的可能是倒叙插叙结合，有的可能一开始就会有伏笔，这些从写作技法上来说当然很好，但同时也对孩子的阅读形成了很大的障碍，我们要做的就是去清理这些障碍，让孩子能够低门槛甚至没门槛地读下去以及读进去。

为了切实做到这一点，我们为每本书都配置了定制的导图，孩子们通过这张图就能够一目了然地了解到这本书的内在脉络。此外我们还会剔除掉作品的一些糟粕——哪怕是名著，也会有糟粕——留下精华，然后再去重新排列组合，目的都是让孩子们能够直接有效且省时省力地掌握这本书的主体内容以及核心主题究竟是什么。

比如在《无尽夏》里，让孩子见证两个少女的成长，在了解别人的爱与忧伤中，理解爱与被爱。

在《男旦》里，让孩子感受到了对传承传统文化的责任，也明白了这个世界不是围着我们转，生活中不可能事事都符合我们的期望，所谓成人之美，有时候也是在成自己之美。

在《论语》中，让孩子感悟"君子固穷"，即便身处逆境，也要固守内心的操守。

在《巴颜喀拉山的孩子》里，让孩子感受到藏族地区传统生活的嬗变，大自然有着自己的规律与节奏，要时刻抱有敬畏之心，越多并不意味着越好，唯有克制方得长久。

……

以上都是我们对一些名著的梳理和提炼，言简意赅且一语中的，说得极端一点就是，听完我的讲解后，孩子哪怕没有去完整读完这本书，也能够去应用，去拿分，完全满足孩子应试的需求。

事实上，现在每节课上我都会讲到很多作文素材和案例，我经常对孩子们说，跟着我读书的每一节课，你只需要记住一个你最有感觉，或者跟你最有关系的案例，那么一个案例至少有20个字吧，你跟我学习20本书就会记住20个案例，至少800个字，800字就是中高考作文的最低字数，你不就会写了吗？有那么难吗？

真的一点儿都不难。

提升孩子思辨力

提升孩子的思辨力，是我们读书会的又一追求。

现在有不少自媒体账号，喜欢在大街上随机采访一些孩子，其中还有不少老外博主会用英文进行采访，那么我们会发现，对于很多孩子来说，且不管其语言水平如何，在表达能力上就多少显得有些欠缺，至少不够大方，整体显得有些紧张，甚至慌张，以至于没有办法很好地去表达自己的观点。相对而言，对于西方的孩子来说，他们好像就比较自信和从容。这是让我印象深刻且一直都在琢磨的事。

我以为，造成这种表达上差异的原因，除了文化、性格等方面因素，还和我们中国孩子听得多，说得少有关，就是无论在家里，还是学校，更多的时候都是家长老师告诉他们怎么去做，都是一种单线的交流，很少由孩子去主导一件事，长此以往，面对那种突然的公开表达，自然会难以适应。

所以在我们的读书会上，会有意增加孩子们思辨阅读的内容，目的就是要让他们有输出自己的观点的能力，而不是别人怎么说，我就怎么听，"眼见不一定为实，耳听也不一定为虚"，一切都需要自己去思考，然后琢磨如何去表达出自己的态度和观点。

在我们眼中，任何一本名著都是相当不简单的，更不是单一的，都可以进行思辨性阅读，哪怕看上去再简单，也可以读出高级感来。

说到这里，经常遇到一些家长说，看书嘛，很简单的，在家里自己读读就得了，一样的——不一样，你读出来的只是故事，我们读出来的却是思想，差别大了去了。

比如《小王子》，大家读了感觉就是一个很简单的童话故事，但是在我们这里进行思辨性阅读后，就可以读出很多高级的感受（本书最后会有我对于《小王子》的详细解读），孩子们从中就可以汲取更多的养分。

再比如很多大部头的经典名著，往往都很具有时代感，跟我们当下的生活相距很远，所以如何才能让现在的孩子从中读出熟悉感，也是我们教研队伍精心考虑和设计的。

总而言之，简单的书读出高级感，经典的书读出熟悉感，这些都是我们课程的精华所在，也是孜孜以求的目标。

我真心希望孩子们在跟着我读书后就能够形成自己的观点，并且外化出来。口头表达就是一种外化，别的孩子看完一本书可能只记得几个人物和故事，但是我们读书会的孩子输出的是见解。思想不一样，表达当然不一样，这中间的能力体现堪称云泥之别，这种思想上的优势也会进一步加深他的成就感，反哺到其对读书的兴趣和信心之上。

此外，阅读品位的提升也是一种外化，这体现在孩子对图书的判断和选择之上。比如一群孩子一起去书店买书，别的孩子买的都是些流行性的漫画、网文，具体书名这里就不说了，但我们读书会的孩子读的是《呼兰河传》，是《额尔古纳河右岸》，这些书从意义和价值上都是不一样的。

当然还有很多其他外化的表现，比如面对一个热点社会事件，其他孩子可能没有什么观点，或者别人怎么说他就怎么以为，但是我们读书会的孩子就可能读出更加复杂的一些内容，然后更具思辨性地进行思考和表达，这样的话他不会钻牛角尖，看问题的角度也会比较宽泛，进而变得更有主见，也更为自信，他的人生之路自然也会更有空间。

正向塑造孩子价值观

塑造孩子们的正向价值观可以说是我们读书会的终极追求,更是我做读书会的社会责任所在。

现在我们的孩子生活在一个非常多元且复杂的时代中,虽然我们用尽全力把他们保护得很好,但各种资讯无孔不入,他们依然会面对很多挑战和困惑,比如说孩子们在面对校园霸凌甚至暴力的时候,比如说在遇到一些是非黑白需要去做判断的时候,孩子最后的选择其实就体现了他的价值观,当他拥有了辨别是非的能力和依据时,自然就不会走弯路!

可是价值观从哪里来?孩子们还小,经历的事有限,他们的生活往往也是非常单调的,父母其实给不了太多选择和判断的机会,而学校是应试的,同样给不到他们太多。所以对孩子而言，价值观的建立更有可能是从读书当中来，前面说过，携书如历三千世，哪怕足不出户，孩子从书籍里也可以经历不同的人生，获得不一样的感悟。因此，作为立志于青少年阅读推广的领读人，我当然有责任去帮助孩子们通过读书建立起自己的价值观。

为了做到这一点，包括我的直播课程上会有意选一些时效性较强的社会新闻，首先这些时事新闻将会成为他们的写作素材，但更重要的还是让他们将之和书相结合，提升自己的思辨力，最终形成自己的正向价值观。

说到这里，我想再强调一下，为什么不再倡导孩子们去学科类补习班？为什么一再鼓励大家去阅读？它的意义和背后的逻辑也正在于要建立孩子正向的价值观。

事实上，教育的本质是让孩子成为一个大写的人，一个有血有肉有情怀有审美且真诚的人，而不是成为考试机器。

好多年前我就讲,真的不要太过关注孩子的考试成绩以及和考试相关的学习方法——我想强调的是,比考试更重要的是人类共同的价值观。

比如公平,比如分享,比如同情。

当我自己的两个小孩,跟着我一起读书读了两三年的时候,我发现他们变了,他们变得无比地珍惜生命,他们开始无比地爱自己的爸爸妈妈,他们的心灵变得如此的柔软。

当他们看到一个服务员蹲在路边哭泣的时候,我的儿子们会走过去问她你怎么了?需要帮助吗?今天有多少孩子能够做到这一些呢?

我从来就没有教过他们说你要关心弱势群体,你要感受这个世界所有的悲伤,我没有告诉过他们,可是书里让他们变得温暖的东西太多了。

综上所述,考试提分、提升思辨力、形成正向价值观就是我们读书会的终极追求。

要想做到这些很难吗?当然很难。正确吗?非常正确。

带领孩子们读书,我要做的就是难且正确的事。

有趣，有用，有温度

说了那么多，其实用一句话来概括我们读书会的特色，依然是那七个字"有趣，有用，有温度"。

用生动活泼的方式让孩子发现名著中的有趣部分，并且在整个读书过程中获得趣味性，是为有趣。

成绩提升，考试拿分，养成思辨性能力，对世界产生思考，提高孩子的综合素质，是为有用。

通过读书，让孩子内心变得柔软，充盈更多的爱，获得正向化育，形成正确的价值观和世界观，是为有温度。

这七个字就像一把尺，时时刻刻在衡量我们的初心和愿景、方法和效果。

每次上课时，我每隔五分钟都要问自己：你现在讲得有趣吗？有用吗？有温度吗？

对我们来说，每堂六十分钟的直播课被网格化成了十二个五分钟，每一个五分钟，我都希望我讲的内容能够让孩子要么开怀大笑一次，要么醍醐灌顶一次，要么痛哭流涕一次。

如果做不到，这五分钟就是失败的，所讲内容必须推翻重新来，直到做到为止。

对此，我始终执意追求，我希望我能做到，更希望我能做好。我发现国外一些特别好的电视节目，都是精确到秒的，就是每过几秒钟就要达到一个怎样的效果，为此人家都有脚本，然后去反复演练。

我想我现在还做不到以秒为单位，那起码以分钟为单位吧，就是这五分钟你到底传递了什么，如何去构建你的这个阅读王国，从而做到"有趣，有用，有温度"。

为了做到这七个字，有一些书我都讲过十来遍了，还在持续更新，同一个孩子，跟着我哪怕已经连续读了十遍《骆驼祥子》，他会发现到了最后一遍，我讲的几乎跟第一遍完全不一样了,当然是变得更精彩更好读了,这就是我对自己的要求。

时代在变,很多事物都在变,但这种追求极致的匠人精神,是永远不会变的。

以前经常能看到一些报道,说有些演员因为太过投入,在演完一部戏后很长一段时间都无法从角色里走出来,甚至最后精神都出了问题,落下严重的心理疾病。

我也常常有这种"出不来"的感受——讲课时,我经常会手舞足蹈,会兴奋大笑,也会潸然泪下,甚至掩面而泣——这样做,我不是为了打动我的学生,我是真的被我们读的书打动,也因为讲课时太过用情,投入太深,下课后,我会怔怔地坐在原地,好半天都缓不过神来,哪怕我的人已经回到现实,但我的情绪还停留在那一篇篇美文里,一本本好书中。

我对自己的表现很满意,我毫不担心我也会"发疯"。

就算真的发疯了,也很值得——因为读书给我带来的情感都是非常美好的，所有我选择给孩子读的书，肯定首先都是正面的、积极的，哪怕是悲剧，也充满正向化育的力量。

比如说，我们读老舍先生的《骆驼祥子》，我会告诉孩子们，这部作品并不是要告诉我们祥子当年的生活有多苦，人生有多惨，而是要告诉我们今天的你很幸福，我们要珍惜这种幸福。如此读完《骆驼祥子》后，孩子们就自然更加懂得珍惜自己身边的家人，下课后他们会第一时间去拥抱自己的爸爸妈妈。

所以，虽然读的时候我们会情绪波动很大，但这种情绪充满了正能量，特别美好。

以上就是我们读书会直播课程的相关设置、读书的方法，以及背后的理念。

知易行难，经过多年的实践锤炼，我们读书会成功让很多孩子从被动阅读到主动阅读，从不爱读到会读书，更是获得了家长广泛的好评。

所有家长的评论中，让我最为动容的并不是他们看到孩子在学习上有所收获时的喜悦，而是看到孩子从书中学到处世之道，收获正向的人生价值观，变得有正念、有理想时由衷产生的那份欣喜和感激。

这其实也是我最希望看到的——这么多年来，我们一直在说要素质教育，那么到底什么是素质教育？我觉得今天知识不是素质，技能也不是素质，AI 都已经开始会模仿杜甫写诗了，你认为这些东西对于将来还有意义吗？

素质是人的思考能力，是人的判断能力，是人的审美能力，说白了是我们的孩子们能够幸福度过一生的能力，这才是素质，这才叫教育。

我为自己所做的事业由衷感到自豪，更期待有更多孩子能够和我一起读书，并且终身受益于读书。

一切才刚刚开始，未来已来，繁花似锦。

任何考试都是一种运动
任何的运动都会有规律
读书塑造一个人
最底层的操作系统
通过大量阅读
就可以掌握人生各种"考试"最基本的规律

Part 5

考试

任何考试都是运动
任何运动都有规律

中考作文要有新意

孩子在进入初中阶段后,很多家长就会说:"庄老师,我最大的困扰和焦虑在于我孩子作文写得挺好,却总是得不了高分,这是为什么呢?"

原因很简单,很多时候,家长眼中的"挺好"和阅卷老师眼中好作文,天壤之别。

我们先来看一张图,这是一份中考语文作文的评分标准:

等第	中心与材料（25分）	语言（25分）	思路与结构（10分）	评分细则
A 60—53	切合题意 中心突出 选材恰当， 有新意 感情真挚 内容充实	语言流畅、简洁、得体 有一定的表现力	思路通畅 层次清晰 结构完整 详略得当	A等基准分56分。基本符合三项条件得基准分；三项中有一项富有特色，其他两项达到B，可评为A。
分项得分	25—22分	25—22分	10—9分	
B 52—43	符合题意 中心明确 选材恰当 感情真实 内容较充实	语言通顺、简洁 用语规范	思路连贯 层次较清楚 结构完整 能注意详略	B等基准分47分。基本符合三项条件得基准分；中心与材料或语言有一项较好的，酌情加分；其中一项有欠缺的，酌情减分。
分项得分	21—18分	21—18分	8—7分	
C 42—33	基本符合题意 中心基本明确 选材基本恰当 内容不够充实	语言基本通顺 用语基本规范	思路基本清楚 层次基本清楚 结构完整，但不够合理 详略安排不够恰当	C等基准分36分。基本符合三项条件得基准分；其中两项较好的，酌情加分；有欠缺的，酌情减分。
分项得分	17—14分	17—14分	6—5分	
D 32—24	题意理解偏颇 中心不明确 选材不合理 内容空洞	语言不通顺 用语不恰当 病句比较多	思路不清楚 结构不完整	D等基准分28分。基本符合三项条件得基准分；其中一项在C、D之间，酌情加分。
分项得分	13—11分	13—11分	4—2分	
E 23—0	偏离题意 无中心	词不达意 表达混乱	思路混乱 结构残缺 文不成篇	严重偏离题意，或有严重语病，或字数不足300字，18分以下。
分项得分	10—0分	10—0分	1—0分	

首先，左侧有五个英文字母，代表五个等级，也就是说，孩子们的作文分数不是被直接给出的，而是阅卷老师先评定一个等级，然后再在每个等级内确定其具体分数。

比如说，你的作文首先被评为 A 类了，那么你的分数将在 53—60 之间。

同理，如果首先被评为 D 类，那么最高也就只有 32 分。

所以我们所有的努力，就是要让孩子在中考语文写作文的短短几十分钟内，他的作文能够被评为 A 类，这样保底就有 53 分。

下面我们就来研究 A 类作文的标准，其共有三个评分项：中心语材料、语言及思路，以及作文结构。

根据我的经验，后面两项孩子的水平其实差不太多，阅卷老师重点关注的正是第一项：中心语材料。

因此，我们需要重点研究 A、B 两类作文对中心语材料的详细描述：

A 类：切合题意；中心突出；选材恰当，有新意；

感情真挚内容充实。

B类：符合题意；中心明确，选材恰当；感情真实，内容较充实。

看到没有？两者描述大体相似，但有三个字只有A类有，B类根本就没有，这三个字就是"有新意"。

什么叫有新意？就是你做文章列举的例子，符合题意的同时，还要和别人的不一样。

为什么作文评分标准里要重点强调有新意呢？

因为今天孩子们在学校里都接受差不多的教育，导致的结果就是大家写的作文都一样。

比如一谈到"从绝望中寻找希望"，永远只会写司马迁在遭遇宫刑之后依然奋力写出了《史记》，却都举不出别的例子。

为啥不读书啊？书中更好更恰当的例子多的是。

读书的孩子就会知道，美国有位著名的盲人女作家，她的名字叫海伦·凯勒，写过一部旷世名作《假如给我三天光明》，讲述了一个19个月大时就失去了视力和听力的小女孩，最终考取了哈佛大学的励志故事，这不就是典型的从绝望中寻找希望吗？

读书的孩子就会知道，咱中国当代有位著名的作家叫史铁生，他写过一本书叫《我与地坛》，讲述他21岁那年瘫痪了，想死，觉得上天对他如此不公平。熬不下去的那段日子里，他天天摇着轮椅到地坛公园，一待就是大半天，结果在那里看到了形形色色的人，他突然意识到，原来每一个普通人的生活都是如此艰难，他突然意识到自己并不是被命运亏待最惨的那一个。

在史铁生观察的人中，有个曾经的长跑运动员，这哥们出于某种原因入狱了，出来后就特想证明自己，希望自己的照片可以被挂在长安街的橱窗里，这就是他的毕生夙愿，于是他参加了北京市环城长跑赛，第一年跑了第十五名，结果只有前十名的照片可以挂在橱窗里，第二年他跑了第七名，结果只有前六名的照片被挂在了橱窗里。哥们继续奋发图强，第三年跑了第四名，结果又变成前三名的照片挂在了橱窗里，哥们快疯了，第四年拼尽全力终于跑了个第一名，结果是观众的照片被挂在了橱窗里。他就想,老天为什么要如此针对我?捉弄我?他非常愤怒,就跑到地坛公园去和史铁生一起骂街。

就这样,一个21岁瘫痪的,一个被命运无情捉弄的,两个人天天在一起骂老天爷,一骂七八个小时,直到公园关门,两人才住嘴,然后各自回家,分手前还相约说咱谁也不要先死,明天再来,继续骂——就这样,他们彼此"依偎"着走过春夏秋冬,最后更是鼓励对方,说了三个字叫:再试试。

好,如此绝望,如此被命运不公正对待的两个人,说出再试试的瞬间,这不就是典型的从绝望中寻找希望吗?

只要你在作文里能写这么一句话,你就是A类。因为别人写不出来,即使他知道《我与地坛》,他也写不出长跑家的故事。

这就叫细节,读书和不读书就是不一样。

所以要想作文拿高分,就要有新意,要想有新意,就要多读书,就是这么简单。

找到写作真规律

在我看来,任何考试都是一种运动,任何运动就会有规律。

在今天这种大数据时代,我们要做好充分的准备,寻找到考试的真规律,迎接各种挑战。

什么叫真规律?

举例说明,假设我们现在碰到一个中考语文作文题,说请在三十分钟内写出一篇三千字的武侠小说,我们应该怎么去写?

首先,我们要给这个武侠小说的主人公取个名字,那他的姓应该是复姓,因为规律告诉我们,复姓人往往更厉害——欧阳锋、令狐冲、独孤求败、西门吹雪,还有个最牛的叫东方不败——这些绝顶高手全是复姓，当然单姓也是可以的，但是要姓得比较奇怪，比如楚留香，一听就是个大侠，但如果他姓王，叫王留香，听上去就像隔壁快餐店的老板。

其次，我们再来看主人公是一开始就特别厉害，还是逐步变厉害的？

按照规律，他当然应该是逐步变厉害的，原因只有一个：开始很厉害，根本写不到三千字。所以他开始肯定不能很厉害，而且必须很惨，最好身负血海深仇——暴雨如注的深夜，他一脚踹开自己家大门，地上全是尸体，他爸他妈和他们家的狗都被人砍死了，于是主人公仰天长啸叩问谁干的，七八个黑衣人冲出来，很淡定说是我们，现在连你也要砍死，好吧，打又打不过，只能跑。

一跑就跑到了武侠小说中最经典的场景——悬崖，根据规律，他一定会掉下去，但他会死吗？一定不会，因为死了字数就又不够了，所以他不能死，而且还会捡到一本书，书上记载了绝世的武学，练成了就能飞出去，就算捡不到书，也会碰到一位世外高人，收他为徒,教他武功,要么手把手地教,要么干脆将自身数十年的功力传给他。

同样根据规律,主人公获得了绝世武功还不够,一定还会出现好多个女人缠着他,好的坏的都有,然后他一边跟这帮女人各种纠结,一边去复仇,最后砍死所有坏人,带着娇妻美眷隐居山林,从此,王子与公主过着幸福而平静的生活。

故事讲完了,或许有些老生常谈,但很能说明问题——它其实就是一种思维方式,能帮助我们从纷繁复杂的现象中提炼出本质的逻辑,这种逻辑就是真规律。

避免写作假规律

明白了真规律,下面再看看什么叫假规律?

先讲个故事,我有次听一个外面机构的老师讲课,简直太吓人了。

他是这么讲的:"同学们啊,我们来看四道中考作文题,第一题叫《咀嚼生活的真味》;第二题叫《定格在记忆中的画面》;第三题叫《这事真带劲》;第四题叫《有一种甜》。这四道中考作文题表面上看很难,其实特别简单。你只要把一个素材背下来,所有题目全都能搞定。"说完,他就开始教学生背司马迁在遭遇宫刑之后,仍然写出《史记》的故事。

为了自证其说,接下去他开始举例说明。

先是第一道题《咀嚼生活的真味》,他说:"同学们啊,我们可以这样写,真正的生活一定充满了各种味道,生活的甜味教会我感恩生活,生活的苦涩教会我直面困难,当一个人处于困境的时候,仍然可以克服困境,获得成功。比如司马迁在受到宫刑之后……"

第二道,《定格在记忆中的画面》,他说这也能写,"那个记忆中的傍晚,落日余晖下仔细阅读的画面,永远定格在我脑海中,文学书籍教会我,当一个人处于困境的时候,仍然可以克服困难,获得成功,比如司马迁在受到宫刑之后……"

《这事真带劲》,"品读文学这事真带劲啊,他让我们明白,当一个人处于困境的时候,仍然可以克服困境,获得成功,比如司马迁在受到宫刑之后……"

最后,《有一种甜》,毫无疑问也能写,"品读文学这事,让我们在夜深人静的时候,感受到一种别样的甜,他让我们明白,当一个人处于困境的时候,仍然可以克服困境,获得成功,比如司马迁在受到宫刑之后……"

身为一个成年人,我们只要稍微有一点逻辑判断,就知道这样的作文在中考中绝对得不了高分,你要是个阅卷老师,一早上看了一千多个"当司马迁在遭到宫刑之后",你能给他高分吗?

我只想说四个字:误人子弟。

前面我已经强调了,现在的中考 A 类作文最重要的就三个字——有新意,所以我现在可以非常负责地讲,孩子要想写出漂亮的文章并且拿到高分,只有一种方法,就是输入大量优质且准确的内容。只有这样,他的输出才可能是精准的、美丽的,关键,独特的。

是的,我要告诉所有家长和孩子,你永远不可能通过写司马迁遭遇宫刑写出中考满分作文,你更不可能凭借一两个老生常谈的素材去应付更有难度的高考作文。

比如我们现在就来看一道高考作文题,叫《声音的味道》,你再给我整个司马迁试试?

根本就做不到。

为什么？

因为高考级的作文变得更加有逻辑性和思辨性，它往往是双向度的，比如声音是听觉，味道是感觉，我们必须联系听觉和感觉来塑造某种场景，到底是怎样的声音对我的听觉产生刺激，又让我感受到了什么样的感觉？

司马迁不好使了。

这道题的伟大之处在于一上来差不多有一半的考生就先偏题了，有人想也不想就写什么司马迁曾经说过——拜托，司马迁的声音你能听到吗？他从土里钻出来给你讲这道作文题啊？你写的叫名人名言的味道，跑题了。

所以家长们、孩子们，概念是要界定的，数学有定义，语文难道没有定义吗？声音必须是听觉，而味道在这不是嗅觉，是一种感觉，比如说，庄老师我很有味道，不是说我臭，是说我有男人的那种感觉。

所以我特别关注孩子们在小学阶段，老师传递的到底是什么样的思考方式。包括我现在带着那么多孩子一起读书，也必须清楚给孩子传递的究竟是怎样的价值理念和思维方式。

这个价值理念和思维方式无比关键。

下面我们来看一下牛人是怎么写的——

今天的上海街头，到处是汽车轰鸣的声音，所以我怀念年少时天空中曾经有鸽哨时的声音！今天的校园，周围到处是工地建设的声音，所以我们的心田里常有儿时夜里蟋蟀鸣叫的声音！

儿时记忆中的很多声音场景，甜蜜苦涩的往事不断浮现眼前，想起那时的声音，我们幼小的心灵被温暖震撼，其实无论我们所处的社会环境发生多大的变化，有些情感都不会变，譬如亲情友谊，譬如对幸福人生的向往。

各位，蟋蟀和鸽哨的声音是什么样的声音？

这些都不是真的声音，而是一种感觉，是那种没有大机器、大工业的人类最朴素的生活状态，是我们对曾经美好生活的向往。这种清丽脱俗的开头，上来就是满分作文的样子，尤其是阅卷老师一早上看了一千多个当司马迁遭遇了宫刑之后，再看到这种文字，那又会是什么感觉？

这篇作文写得真是太好了，你们以为这篇文章是我写的吗？不是，是一个六年级的孩子写的，他就跟我读了半年的书，就写出了这样的文字。为什么可以做到？就因为我带他一起读过一本书，这本书叫《童年河》，是中小学生指定阅读书目，但是好多人别说读，就连听都没有听说过。

这就是差距。

讲了这么多，其实还是那句老生常谈的话，要想作文好，就要读书，书读多了，什么就都有了。

如何写出满分作文

对于中考作文,满分作文长成什么样呢?

下面就通过一篇中考作文范文,讲述中考作文的五个要点,只要掌握好这五点,中考作文拿高分一点都不难。

先看真题:

"人间烟火味,最抚凡人心",正如汪曾祺在《人间滋味》里写的:"看看生鸡活鸭、新鲜水灵的瓜菜、彤红的辣椒,热热闹闹,挨挨挤挤让人感到一种生之乐趣。"人间烟火里,藏着人情味,藏着真善美,藏着……

请以"藏在人间烟火里"为题,写一篇文章。

第一，分析题目，精准立意。

这篇作文题直接摘取了我给孩子们反复讲过的一部名著《人间滋味》的片段作为考试材料。那么开始动笔之前，首先当然是要认真审题——通过给出的材料，我们完全可以学习汪曾祺老先生，从小的情景入手，以此来表达大的情感，这也是我们读书课上反复讲解的，明白了这个，你的作文开头就有了。

第二，开篇点题不拖沓。

如果你写开头经常性地写了一百个字都还没有表达出你的主题，就很容易得低分。为什么？因为阅卷老师时间有限，他不能一眼看到你的中心立意，就不可能给你高分。

综合以上两点，来看看这篇范文的开头：

> 烟火味是家乡赐予我的人生第一位。儿时的饭菜、饮食以及成长的每个日子，无不浸染的烟火之味。它经母亲之手，如柔水般从厨房里渗出

来，伴我穿过童年，来到青春岁月。一碗人间烟火，里面藏着生活的种种味道，有踏实和充实，有幸福和安慰，有希望和憧憬，还有温情和诗意……

那一年，正在初中读书的我，寒假前期因为考试考得不好，回家途中又逢冬雪飞降。到家时，鞋袜全湿，冷得直哆嗦，母亲在温暖的家里等我归来，得知我考试不利，她说，没事，下次努力进步就是，"就像脚下的鞋袜，偶尔会湿，但只要用烟火烤熏一下，就会干起来的。"果然，鞋袜很快便干了，全身也热乎了起来，之后，母亲又从烤箱里掏出一个烧熟的、烟火味十足的红薯。屋外，大雪纷飞天地间，而我的心头已冰消雪融：家人陪伴身旁，手中红薯香甜，我还有什么可耿耿于怀呢？

第三，充分引用，促使文章翔实具体。

记叙文需要生动形象，议论文则要言之有理。如果你短时间内难以提升自己的文笔，就一定要学会用名著的素材去佐证立意。

来看看这篇范文是如何举例的。

> 饱腹的是食物，抚慰人心的，则是那烟火之味。烟火味袅袅而起，城市便活了，人类千百年的岁月传承，也在其间呈现得栩栩如生。
>
> 我想起林语堂先生的《苏东坡传》中写道：宋代的大文豪苏轼被贬谪至杭州，却仍能与好友佛印烧鱼、谈经，在西湖美景边写下"欲把西湖比西子，淡妆浓抹总相宜"的诗句，表达了自己宠辱不惊、自得其乐的心境。因为苏轼深信：只要初心不改，信念不移，那么人生的底色，属于自己的那副本来面貌，就会永远美丽。
>
> 我想起吴敬梓先生的《儒林外史》当中写道：顺义时代的真儒虞育德半生科考，五十岁才中进士。因为年纪太大只能被调剂去南京做一个无关紧要的闲官。但他看淡仕途，乐天知命，不对功名利禄动心，只愿与妻儿过粗茶淡饭的朴实生活。虞育德所坚守的平凡而琐碎的人间烟火，反而使

得吴敬梓探索出了足以真实屹立于儒家社会中的理想人格。

我想起汪曾祺先生的《人间草木》当中写道：饱受战争离乱之苦的西南联大师生，在纷飞的战火当中，和衷共济，共赴国难，历经艰辛而办学不辍。在空袭警报声中，联大学生从容、坚定，甚至不动声色地守候着一锅小火慢炖的冰糖莲子。这背后，是对战争和敌人在态度上的蔑视，更是中华民族永远坚毅、刚强、不可被征服的精神力量。

童年时读刘义庆的《世说新语》，他说："人生贵得适意尔，何能羁宦千里以要名爵？"当时不明白一道家乡菜就能使人辞官归乡的道理所在。现在才明白，在古人眼中，日常饮食便是远在千里之外的烟火味，是伴随终身的生之乐趣与念念难忘的乡愁，就像母亲当年用一个烤红薯迎接失落的我，就像古往今来在粗茶淡饭中找寻生活真意的无数文人。

第四,首尾呼应,片尾点题。

请问,一篇考试作文,阅卷老师最早也是最认真看的是哪部分呢?除了标题,就是一头一尾,因此结尾一定要再度点题,同时升华开头的内容。

烟火味就是活泼的生活味,生动而暖人心脾,那真、那爱、那暖,让无数的传承藏在人间烟火里,抚平心绪,让人难忘不已。

第五,三大层次,结构清晰。

这篇范文中,通过开篇的直点主题,再引用一些读书当中获得的素材拔高立意,最后结尾再度呼应主题,升华情感,三大层次,清晰准确,阅卷老师看起来非常舒服,一下子就能把握你文章的结构,体会到你情感的逐步变化和升华。

综上所述,这就是一个满分作文应有的样子。

送别诗一般考什么

前面重点讲了作文写作的一些认知和技法,现在再来说说阅读理解相关的考题。

在各类语文考试中,送别诗都会经常出现,一般来说,送别诗主要考察以下两点:

第一,说本诗用了哪些意象?
第二,这些意象表达了诗人怎样的感情?

好,什么是送别的意象呢?

第一叫作景物,就是当某些特定的景物或景色出现的时候,就是要离别了。比如杨柳、明月、落花、夕阳、北风,这些景象最容易出现在各类送别诗中。

第二叫空间，比如长亭、渡口、古道、歧路，这些地方一旦出现，一般也就是要离别了。

最后是时间，秋天、日暮、月夜、春天，这些都叫时间意象。送别一般都发生在这些时候。

以上就是送别诗里经常出现的第一个考点。

至于第二个考点：这些意象表达了诗人怎样的感情？就更简单了。

通常来说，只有两种感情：开心和伤心。

请问离别还会开心吗？当然会，比如下面这个就是开心派：

莫愁前路无知己，天下谁人不识君。

这是高适的《别董大二首》，高适说你悲伤啥呀？大家都认识你，你到哪里都混得比别人强，这是一种特别豁达、积极的感受。

这类开心离别的诗词还有不少，大家要注意平时多加体味。

当然了,离别时候最多的情感肯定还是伤心。

蜡烛有心还惜别,替人垂泪到天明。

这是杜牧的《赠别》,他要送朋友走了,说我太难过了,我哭都哭不出来了,就找蜡烛来替我哭一哭吧,这显然是一种特别悲伤的感情,这类伤心离别诗词特别多。

总之,送别诗一般只有这两种感情,要么是正面积极,以豪迈开朗激励友人,告慰朋友;要么就是伤心难过,不忍分离,依依不舍,担忧牵挂。

从现在开始,以后古诗词考和送别相关的内容,孩子们只要把握好这两点,肯定能拿高分。

无数过往的时代
或繁盛,或壮阔,或衰落
无数传奇的故事
或惊险,或美丽,或感伤
无数旧日的诗篇
或豪迈,或婉约,或精巧
它们同样都在今天这个崭新的世界里
绽放着崭新的光芒

千载有余情
历久而弥新

Part 6

范文

强化阅读写作 提升人文素养

为什么我总能准确预测高考作文

1

2024年高考结束了,我也再次成功预测中了今年的高考作文题。

很多朋友都觉得我简直太神了,问我是如何做到的。

不是我凡尔赛,我觉得一次两次预测准确或许只是运气,但连续多年都能压中高考作文题,一定基于我专业的认知和缜密的思考。

首先我觉得,预测高考作文考题这件事,如果一开始就预测"六个主题""八大范畴"的话,那基本上跟没预测没区别——你这范围也太大了,说了等于没说。

真正比较牛的人呢,一般只预测两个主题,甚至一个主题——比如2024年高考前夕,我在自媒体账号上发布视频,说我个人认为今年的高考作文应该就两个方向:

第一个主题叫科技与人文——不是单纯的科技,而是科技与人文;

第二个主题叫文化的传承。

2

我之所以预测这两大主题,是基于以下的分析:

首先科技是一个特别热门的话题,当下科技的发展堪称日新月异,比如新能源车、AI等新科技正急速影响着,甚至改变了我们的生活,所以科技显然会成为考试的热点,但是,高考作文绝对不会单纯只考科技这一话题,因为高考作文最重要的两个字叫思辨,它不可能是单元的,它一定是多元化的,一定考察的是你去思考、去分析,甚至带有批判性思维的这种能力,那么与科技相对立的叫人文,只有将科技和人文放在一起考,才更有可能考察到学生的这种思辨能力和批判思维。

举例说明,现在的手机移动互联技术如日中天,我们也充分享受到了它带来的便捷和高效,甚至越来越离不开手机了,但是,请问与此同时手机是不是也带来了一些负面影响呢?比如今天的我们在任何时候打出一个视频电话,就能够跟远在千里之外的人联系,可是这样我们也就失去了木心老人写的《从前慢》当中的那种诗意生活——从前的日子很慢,车马、邮件都慢,一生只能爱一个人——在科技如此高速发展的情况下,我们的情感却变得更淡漠了,我们在饭桌上看到的不再是一张张开心的或者是痛苦的、需要倾诉和表达的脸,而是泛着蓝光、麻木不仁的脸。

所以我们的考生能不能从中分析出一种辩证的思

考，如果说科技是一把双刃剑，那么防止它走向另外一个方向或者误入歧途的，一定就是人文的关怀。金庸名著《天龙八部》中，武功最高的人是谁？是那个籍籍无名的扫地僧。萧远山和慕容博两大当世绝顶高手一起向他发起攻击，结果他只是挥了一下衣袖，两大高手就飞开了，完全不堪一击。老和尚末了只说了一句话，他说但凡练武之人都有戾气，需要高深的佛法去化解。什么意思？就是说当一个人足够慈悲的时候，他才能够去练就更高深的武功。这像不像科技与人文的关系？科技发展越快，就越需要人文关怀，科技发展得越快，就越需要人的伦理底线。

3

我预测的第二个方向叫文化的传承，视频里我就说，今年大概率要考察文化传承，因为这就是高考命题组的成员所希望考生去思考的问题。

同样地，我不仅做出了预测，还提供了解题思路，我说，什么叫文化传承？举个简单的例子，前不久我和我老婆去了开封的清明上河园看了场演出，开封是北宋时期的都城，宋太祖赵匡胤统一全国，灭掉了南唐，南唐后主叫李煜，亡国后写了一篇传世名作《虞美人·春花秋月何时了》，也就是"小楼昨夜又东风，故国不堪回首月明中，问君能有几多愁，恰似一江春水向东流"。那么演出时，李煜的这首词配着优美的现代音乐，款款萦绕在现场，令观众无比动容——当这样一些古代非常美好的情感和思想变成了我们今天的一种艺术表达形式时，这就是文化的传承。那么我们今天的年轻人，为什么还要去读一两千年前的书，因为那么多年下来，人类的总体情感是没有改变的，人们对于真善美的追求更是从来没有改变，因此，文化传承太容易成为高考的作文主题了。

再举个例子，《道德经》里面有句名言叫"能婴儿乎"，就是说一个人能不能像小孩一样，《傅雷家书》里说人要保有赤子之心，这不就是说要回到那种婴儿的状态吗？今天我们都在说人应该寻找初心，这就叫一脉相承。当你的高考作文从《道德经》讲到《傅雷家书》，然后又讲到了今天的现实世界时，你的文章就有了上下五千年的穿越感，以及历史的厚重感，写的作文本身就是一篇文化和传承最好的明证。

4

以上就是我在高考前视频里所说的内容，实际上我已经把这两篇作文的主体部分都写好了，记得当时我在视频里还强调，如果考生看到了我这个视频，请一定要从这两大方向上去认真做准备。从留言上来看，也确实有不少同学接受了我的建议，做了相关准备。

当然了，尽管我对自己的预测很有信心，但毕竟是预测，重在参与，视频发完了我也没有那么在意，直到几天后，高考语文上午刚考完，很多信息就潮水般涌了过来，大家纷纷祝贺我的预测再次准确命中，简直足够吹一辈子的了。

2024年新课标I卷高考作文题如下：

随着互联网的普及、人工智能的应用,越来越多的问题能很快得到答案。那么,我们的问题是否会越来越少?

以上材料引发了你怎样的联想和思考?请写一篇文章。

要求:选准角度,确定立意,明确文体,自拟标题;不要套作,不得抄袭;不得泄露个人信息;不少于800字。

2024年北京高考作文题1如下:

几千年来,古老的经典常读常新,杰出的思想常用常新,中华民族的伟大精神亘古常新……很多事物,在时间的淬炼中,愈显活力和价值。

请以"历久弥新"为题目,写一篇议论文。

要求:论点明确,论据充分,论证合理;语言流畅,书写清晰。

通过审阅这两份高考作文题,大家会发现,虽然具体行文和描述有所区别,但其根本正是我所预测的"科技与人文"以及"文化的传承",至少这两大主题是非常行之有效的解题思路,如果之前听了我的建议,做足了相关准备,相信考出好的分数,根本不在话下。

当然了,说句心里话,预测中高考考题这件事高兴归很高兴,吹牛也一定会吹牛,但也不会那么当真,之所以说这么多,其实我更想强调的是,如果一个人能够多读书,读好书,真正具有人文积淀,真正拥有素养的话,他就会提高自己的认知,能够准确预测的同时,也能够写就一篇高质量的文章,相比什么预测不预测,这才是更为重要的事。

高考作文范文之《是问题，也是答案》

前面我们已经看到了 2024 年语文新高考 I 卷的作文题目，相对而言，这次作文材料以"问句"形式展现，较以往更为创新。但无论从何种角度切入，在文章的中心论点上务必都要体现出对该问句的辩证思考。

结合之前预测时的解题思路，以及我们阅读课上与孩子们共读的经典书籍，我对本道作文题进行了解析，并完成了范文。

是问题,也是答案

路漫漫其修远兮,吾将上下而求索。
——屈原

在智能科技越来越发达的今天,互联网与人工智能如一体两翼为信息时代的腾飞插上了梦幻的翅膀。大到科研实验,小到学习生活,答案不再像千年前那些抬头遥望星河苦苦追问的古人那般艰难,人们寻求答案如同探囊取物,可我们心中的疑问是否会越来越少呢?我想要回答这个问题,我们就要探寻人类之疑问,根源何在?人类之疑问,源于对时代的反思。

当哈姆雷特面对杀父仇人犹豫不决,万般纠结着动手与否时,故事的真正焦点在于杀或不杀吗?不!真正打动我们的是他在煎熬中所折射出的对生命的热爱与尊重,对公理和正义的坚守。生存还是毁灭,这个一代又一代读者们不断探讨、不断解读、不断分析的千古一问,其实根本没有人关心它的答案，人们为之吸引，为之震撼的，是这个问题背后深藏的人性的割裂与时代的困境。

人类之疑问，源于对生命的叩问。

当福贵蹚过苦难的洪流，立于命运的岔口，面对着同伴春生的自杀，他问自己，是苟延残喘还是一死了之，他要的其实不是答案，而是用这个问题叩击自己混沌蒙昧的心灵，点亮关于生命的思考，并由此获得自由的权利。《牡丹亭》里杜丽娘的青春之问，问题本身是简单易答的，可是由这个问题所引起的那种突破封建规训、挣脱礼教束缚的天性之情、青春觉醒，才是这一问真正的意义所在。

人类之疑问，还源于对信念的坚守。

当北京的地坛公园，一个坐在轮椅上的青年在一次次绝望与愤怒中"我可活什么劲儿"时，他激起的不仅是对命运不公的控诉，更是自己对于生命的最后一丝信念。死是最容易的事，可他却突破了命运的死循环，告诉今天的我们该怎么活——"命定的局限尽可永在，不屈的挑战却不可须臾或缺。"自此，十月的风吹起安详的落叶，掩盖了母亲的脚印与他的车辙。

我想，这些问题，没有任何人工智能可以给出答案，因为它们问的本就不是答案，而是一种思考、一种追寻、一种坚守。正如《格列佛游记》中可笑的飞岛国所象征的那样，科学与理性并不是万能的，我们自然也难以从中找到一切困境的出路，有些问题，诸如生死，诸如爱情，诸如信念，那是独属于人类的，永恒的谜题，它们的意义不在于答案，而就在问题本身。

所以，与其把飞速发展的科技视作问题的消灭者，倒不如把它看作"筛选者"，替我们解决那些单一的、浅层的、绝对的，指向答案的问题，而解放人类更多时间与精力去探寻那些"无解之问"，那些比答案更加重要的问题——而正是这些问题，让人类在这个星球上一代代生存下去，永无止境。

高考作文范文之《历久弥新》

既然我成功预测了两篇2024年高考作文题,这里再放上我写的另一篇范文,继续和大家分享。

历久弥新

> 其人虽已没,千载有余情。
> ——陶渊明

今天的我们生活在人类历史上发展最迅捷、变化最繁复的时代里,"快"是它的座右铭,"新"是它的风向标。昨天还热火朝天的新闻不过一夜的时间便自此沉寂,今天还奉若真理的思想明天就推倒重来，我们虽常被那历经五千年的文明基因召唤，却也在面对它如此深厚久远的底色时无所适从。岁月给予了"古老"以无上的尊荣，却也成功劝退了在时代急流中无法停留片刻的弄潮儿。那些曾指引我们走过黑暗荆棘的思想与经典，那些创造了辉煌的过往旧迹，难道便真的戴着守旧的帽子被遗忘与消亡吗？

其实"旧"的是形式，而内涵却可以在不同的时代与环境中，通过全新的阐释与启发，进而发出全新的活力与光彩，是谓历久弥新。

历久弥新者，是思想。

春秋战国的百家争鸣虽早已被金戈铁马声掩盖，可是千年之后，孩子们的口中依然琅琅响起孔夫子的教诲，陈蔡的弦歌虽已远去，可今天的我们依旧被《孔子传》中周游列国的故事鼓舞。

历久弥新者，是精神。

第一届"保尔班"的毕业生们，如今虽已是耄耋之年，却依然能够一字不差、满怀深情地背诵出五十年前刻进内心深处的那段话："人的一生应当这样度过……",他们记住的不是文字,而是文字背后的精神与信念。

历久弥新者,是情感。

直到今天,我们依然用"既见君子,云胡不喜"来述说爱意;用"海内存知己,天涯若比邻"倾吐别情;用"但愿人长久,千里共婵娟"思念远人……这些诗句写于千年之前而至今仍然笔墨未干,吟诵之时,我们心中仍然会荡起涟漪。亲情、爱情、友情,这些亘古不变的情感始终流淌在人类的血液之中,千百年来,人们赞颂着、传唱着这些诗句,不仅因为文学需要传承,更因为人类的情感相通,超越时代。

2024年的此时此刻,端午将近,我的脑海中却满是两千年前汨罗江畔那个孤单、落魄却坚定的身影。三闾大夫早已在滚滚江水中长眠了,可他的诗篇,他对国家、对人民深沉的爱,他那"上下而求索"至死不渝的精神,至今不绝,似乎就氤氲在每一片艾叶的悠然清香里。

陶渊明在《咏荆轲》中说:"其人虽已没,千载有余情。"我想何止是人,无数过往的时代,或繁盛,或壮阔,或衰落;无数传奇的故事,或惊险,或美丽,或感伤;无数旧日的诗篇,或豪迈,或婉约,或精巧,它们同样都在今天这个崭新的世界里绽放着崭新的光芒,千载有余情,历久而弥新。

高考作文范文之《认可于心》

我现在的工作和生活都在上海,因此尽管我没有"预测"到2024年上海高考作文题,但范文还是必须写的。

首先来看真题:

> 生活中,人们常用认可度判别事物,区分高下。请写一篇文章,谈谈你对"认可度"的认识和思考。
>
> 要求:(1)自拟题目;(2)不少于800字。

如果我们读书会的孩子看到这个题目,相信一定会觉得可写的实在太多了,尤其是我们一直提倡的思辨性阅读，对于回答材料中要求的"认识和思考"就更是如鱼得水。

话不多说，以下是我写的范文，希望对大家有所启发。

认可于心

> 举世皆浊我独清，众人皆醉我独醒。
> ——屈原

今天，人们常用认可度判别事物，区分高下。所以，市场上出现了许多好评如潮的"爆款"，直播中出现了很多人见人爱的"网红"，大家似乎都在一直孜孜不倦地追求那汹涌澎湃的"认可"和"流量"。

那么，认可度真的是判别高下的唯一标准吗？一个个我们熟知的人物，从远处走来。

他说："我叫关汉卿，我终其一生流落勾栏瓦肆，游走在社会底层，我不被当时的儒林所认可，可如今，我成了中国戏剧史上最伟大的作家。"

他说："我叫凡·高，我当时呕心沥血画出的《向日葵》被人认为是根本不能登大雅之堂的画作，我一生穷困潦倒，无人问津，可如今我的作品受到了世界各地无数人的追捧。"

他说："我叫大卫·梭罗，我那回归自然的隐居生活与资本主义追求物质的社会格格不入，被人们当作笑料谈资，可如今，我的《瓦尔登湖》成了全世界人民向往的心灵避难所。"

认可度的标准曾把他们贬至一文不值，然而为他们翻案，最终把他们送上神坛的，却还是认可度。那在这嘈杂又充斥着不确定的认可度的世界，我们应该听取哪一种声音呢？

其实先人们早已在一本本经典中给出了答案。

《苏东坡传》中，我们看到，当苏东坡反对新法处处碰壁，乌台诗案穷途末路时，他从未气馁于别人的不认可，因为他始终坚守的是为国为民的信念；当蕾切尔·卡森因为坚持在《寂静的春天》中披露DDT（一款杀虫剂）对人类的伤害而受到死亡威胁时,她丝毫没有屈服于舆论的不认可,因为她的内心始终笃信科学与真理的光辉;《杜甫传》中那个垂垂老矣,终生怀才不遇的老头也从未怨恨别人的不认可,因为他始终怀揣着"致君尧舜上,再使风俗淳"的梦想。

于是,我们终于明白,所谓的认可度不过是一个个因时因地而变的标准,不变的则是人的初心,是经历大浪淘沙所沉淀下来的大道。于是,2024年的今天,坐在高考考场上的我,和正在品尝粽子的你,都一定不会忘记,千年之前,那个汨罗江边从未受到认可的徘徊的诗人,在昏君当政、小人作乱的世道里,他屡遭贬谪,郁郁终生,但他慨然吟咏着"举世皆浊我独清,众人皆醉我独醒"投入江水,至死不曾向那污浊世间的"认可"屈服。

所以,真正决定价值与意义的这个"认可",并不来自外界,而在于内心,并不来自他人,而在于自己。我希望这个世界少一些质量低劣的"爆款",少一些搔首弄姿的"网红",少一些为了流量不择手段的"认可"。因为只有本心所向、发自真我的认可度,才是为人处世恒定的坐标,才是照亮我们人生前路的微光。

中考作文范文之《我也是个取水人》

写完了三篇2024年高考作文范文,下面再来写一篇2024年上海中考作文的范文。首先详细讲解一下我写这篇范文的思考过程。

先看题目:

假如世界是一摊无形的水,每个人都在用各自的取水方式来认识这摊水。成长,就是在一次次对未知事物的探寻中,或拓宽眼界,或增长才干,或发现规律……同时找到更适合自己的"取水"方式。

请以"我也是个取水人"为题,写一篇600

字左右的文章。

记得这道题出来后,很多家长都觉得挺难,认为"现在的语文作文像哲学题",实际上材料里给出的信息还是很明确的——"认识世界这摊水""成长""适合自己的'取水'方式""我也是个取水人",提取出这几个关键信息,作文主旨就出现了——我,是通过什么方式认识世界的?

明确了这个主旨,孩子再落笔就会有很多内容可写,比如我们读书会的孩子们每周和我一起阅读,这不就是一个"取水"的过程吗?不就是一个认识世界的过程吗?问题在于该怎样从阅读中取水、取什么样的水、取水是为了什么,能联想到这步,立即就甩掉90%的孩子了。

所以说,我们读书会不光会教给孩子答案,我们读书会本身就是答案。

这篇范文里,题记首先引用苏轼《临江仙·送钱穆父》中的名句"人生如逆旅,我亦是行人"作为题记,开篇明确点题。

接着以"有形的水世界和无形的水世界"引出文章主旨——我的"取水"方式是阅读。

接着从三本书中得到的不同成长为具体例证,清晰明了。

最后以"阅读前人的智慧就是我的取水之路"总结上文。引用范仲淹、杜甫、艾青再次点题,升华全文主旨——希望有一天我的生命之水也能如海一般流淌。

整体准确、清晰、流畅,是我们在读书课上讲过无数次的素材和方法。

以下为我写的范文,供大家参考。

我也是个取水人

> 人生如逆旅,我亦是行人。
> ——苏轼

几千年前,我们的祖先都觉得,天是圆的,地是方的,地球是在宇宙最中心的。今天,当我们的脚步走到外太空,我们才知道地球是一颗蔚蓝色的被水覆盖的星球,换而言之,我们生活在一个"水的国度"里。在有形的水世界,我们从未停下探寻的脚步,在无形的水世界,我们也在不断地从中汲取精神的养分,"取水"成长。而在十余年的成长旅途中,最适合我的"取水"方式,是阅读。在书中我得以看和风细雨,也可观巨浪滔天。

我在《泥土城》里祈求一场甘霖,陪伴一个女孩的蜕变成长。阿富汗女孩肖齐亚在寡妇之家内向往着蔚蓝色的大海与紫色的薰衣草田,然而当她真正逃离了自己厌恶的家园后,却发现了战争世界的虚伪与残酷。于是她明白,泥土城内所盼望的不只是一场大雨,更是千千万万爱国民众饮水思源的那颗真心。

我在《假如给我三天光明》中品尝海伦·凯勒命运的苦水。这个19个月失去视力和听力的女孩,身处无边黑暗中,却没有沉沦于命运的安排,最终给世界留下了一个坚强不屈的故事。她让我明白,如果命运是这个世界上最烂的编剧,我要做自己人生最好的演员。

我在《茶馆》里啜饮一杯香茗,品尝一个时代的兴亡成败。三教九流之地,五行八作之所,一座茶馆便是半个世纪的变迁。腐朽落后的岁月里,仍有无数普通人进行着对家国出路的探索。他们在历史的车轮下溘然长逝,也让压迫与剥削永远湮没在时间的洪流中。但他们坚信,我也坚信:时代也许是英雄的时代,但生活终归是人民的生活。

在成长这条漫漫取水路上,青春年少的我们,才刚刚开始,但成长本就是在一次次对未知事物的探寻中，找到更适合自己的"取水"方式。对我来说，阅读前人的智慧，循着先贤的足迹前行，就是属于我的取水之路。

我也相信，未来有一天，我的生命之水，也能流淌在范仲淹"先天下之忧而忧，后天下之乐而乐"的忧国忧民里，流淌在艾青"为什么我的眼里常含泪水，因为我对这土地爱得深沉"的拳拳之心里，最终成就海一般辽阔而壮丽的人生。

拿来就能用的名著题记

相信很多朋友看过我写的中高考作文范文后,都会发现我特别喜欢先用一句名人名著的金句作为题记,这样的好处除了可以呼应主题,更是可以让文章显得卓尔不群,所以我整理出了五大主题共计48条名人名著金句,今后不管你写的作文是什么主题,都可以从中找到合适的题记,拿来就能用。

首先是"家人亲情类"。

1. 多年来我头一次意识到,这园中不单是处处都有我的车辙,有过我的车辙的地方也都有过母亲的脚印。——史铁生《我与地坛》

2. 呼兰河这小城里边,以前住着我的祖父,

现在埋着我的祖父。——萧红《呼兰河传》

3. 人生的车途上,母亲是加油站。——贾平凹《万物有灵》

4. 在人生的旅途上,母亲所赋予生命的深度和广度,没有一本哲学书籍能够比她更周全。——三毛《永恒的母亲》

5. 父母在,人生即有来处;父母去,人生只剩归途。——毕淑敏《孝心无价》

6. 我们曾经满世界地寻找真诚,却不知最想要的真诚就在母亲那里。——毕淑敏《回家去问妈妈》

7. 家人闲坐,灯火可亲。——汪曾祺《冬天》

8. 阳光从临街的窗口灌进来,照亮了父亲,还有母亲。——苏童《黄雀记》

9. 孩子大了,变成了母亲的心事,母亲的心事,是夏天的树叶,怎么落,也落不尽。——汪国真《不问,是理解》

接着是"个人成长类"。

1. 不愿长大的人,总是在瞬间长大。——林海音《城南旧事》

2. 人生的意义在于成长。——丹尼尔·凯斯《献给阿尔吉侬的花束》

3. 我们最终都要远行,最终都要与稚嫩的自己告别,告别是通向成长的苦行之路。——海子《小站》

4. 成长如蛹,痛苦中蜕变为蝴蝶。——玛格丽特·米切尔《飘》

5. 他不知道,是不是所有的人,都是在这一串串轻松与沉重、欢乐和苦涩、希望与失落相伴的遭遇中长大的。——曹文轩《草房子》

6. 凡是过去,皆为序曲。——莎士比亚《哈姆雷特》

7. 最长的路也有尽头,最黑暗的夜晚也会迎接清晨。——斯托夫人《汤姆叔叔的小屋》

8. 成熟是一种明亮而不刺眼的光辉,一种圆润而不腻耳的音响。——余秋雨《山居笔记》

9. 成长是一个永不停歇的过程。——斯科

特·派克《少有人走的路》

10. 成熟是一种明亮而不刺眼的光辉，一种圆润而不腻耳的音响。——余秋雨《山居笔记》

第三是"传统文化类"。

1. 文化的传承与创造，往往需要几代人甚至几十代人的努力。——余秋雨《文化苦旅》

2. 传统是一种无形的力量，它让我们知道我们从哪里来，到哪里去。——冯骥才《俗世奇人》

3. 文明就是传达。需要表达、传达之事一旦失去，文明即寿终正寝。——村上春树《且听风吟》

4. 不懂得传统的人正如没有地图的旅行者，不可能远行。——北岛《青灯》

5. 人类是依附传统而存在的，因为只要脱离了传统，不管民族气质还是文明都不可能保存下来。——古斯塔夫·勒庞《乌合之众》

6. 每个人心中都有根，而传统文化便是我们心中最坚韧的根基，连接着我们与先贤的智慧哲

思。——蔡崇达《皮囊》

7.在文化的传承中，我们寻找自己的根，也寻找未来的路。——余华《活着》

8.千殷荒凉，以此为梦；万里蹀躞，以此为归。——余秋雨《文化苦旅》

9.艺术的重大使命，就是在寒冷的乱世中温暖人心。——余秋雨《何谓文化》

第四是"青春梦想类"。

1.纵有千古，横有八荒；前途似海，来日方长。——梁启超《少年中国说》

2.此后如竟没有炬火，我便是唯一的光。——鲁迅《热风》

3.青春如初春，如朝日，如百卉之萌动，如利刃之新发于硎，人生最宝贵之时期也。——陈独秀《敬告青年》

4.一个人可以被毁灭，但绝不能被打败。——海明威《老人与海》

5.青春的动人之处，就在于勇气，和他们的

远大前程。——王小波《一只特立独行的猪》

6.无论做什么,记得为自己而做,那就毫无怨言。——亦舒《流金岁月》

7.青春是一本太仓促的书,我们含着泪,一读再读。——席慕蓉《青春》

8.我们青年的箴言,就是勇敢、顽强、坚定,就是排除一切障碍。——奥斯特洛夫斯基《钢铁是怎样炼成的》

9.青年人,珍重的描写罢,时间正翻着书页,请你着笔。——冰心《春水》

10.一粒一粒的种,必有满仓满屋的收获。——胡适《给青年的三个人生药方》

最后是"故乡家园类"。

1.世上本没有故乡,只是因为有了他乡;世上本没有思念,只是因为有了离别。——余光中《白玉苦瓜》

2.然而,每值这样的良辰美景,我想到的仍然是故乡苇坑里的那个平凡的小月亮。——季羡

林《月是故乡明》

3.人的故乡,并不止于一块特定的土地,而是一种辽阔无比的心情不受空间和时间的限制,这心情一经唤起,就是你已经回到了故乡。——史铁生《消逝的钟声》

4.家乡的一草一木,一牲一畜,雨丝风片,都是我们人生的底色。——沈从文

5.每次从不可知的旅途归航,都有辉煌的灯火,在黑夜中等待我们。——林清玄《白鸳鸯家园》

6.在大多数人心中,自己的故乡后来会成为一个点,如同亘古不变的孤岛。——张嘉佳《云边有个小卖部》

7.有多少次我躺在陌生的屋檐下又逢下雨,想念起家来。——威廉·福克纳《我弥留之际》

8.故乡的歌,是一支清远的笛。——席慕蓉《乡愁》

9.家,是每个人永远的港湾,没有什么地方可以与之比拟。——弗兰克·鲍姆《绿野仙踪》

携书如历三千世
无书唯度一平生

只要读书,就像经历了
成千上万种不同的人生
生命变得更加广袤
如果不读书
就只能过自己这一辈子
人生也只有一种活法

Part 1

书单

携书如历三千世
无书唯度一平生

挑书原则

本书最后,再讲一个很多家长特别关心的话题:书单。

为什么大家都特别关心呢?当然是因为现在孩子的时间相当有限,但是要读的书实在太多了——我简单统计了下,各类推荐书目上的作品加起来得好几本,总字数至少上千万字。

这些推荐作品当然都很好,去阅读它们当然也很重要,但因为读这些书给孩子们带来了很大的压力,也是事实。

先不说能不能看懂,真正能看完的都少之又少,甚至成了孩子的负担。

怎么办?

除了前面讲的，我们要通过各种方法去对一本书进行梳理和提炼外，更重要，也更行之有效的当然是做减法，对这些书进行甄别和筛选，从而找出最有阅读价值的一批。

怎么甄别？如何挑选？

对于我们读书会的阅读书单，我的选择标准有三个：

1. 遣词造句要有文学价值；
2. 思想境界要有人文价值；
3. 必须有应试价值。

在这三重选择标准之下，我把我能找到的，适合中小学生读的书都看了——大概有两千多本，然后根据我们前面提到的十大中高考作文主题，精选出了94本高质量名著进行高效阅读，每本书的筛选，都会紧扣孩子的心理发展阶段。

可以说，这94本就是精华中的精华。

毫不夸张地说，读完这94本书，再也不用担心中

高考需要的阅读量！

基础主题	L 预备 解读深度 ★★	L0 解读深度 ★★✦
成长之路	《最后一片叶子》	《论语》
	《童年河》	《野芒坡》
爱与幸福	《马提与祖父》	《爱的教育》
	《海蒂》	《不老泉》
理想信念	《萤火谷的梦想家》	《无尽夏》
	《橘颂》	《海底两万里》
美德养成	《美人树》	《男旦》
	《乌丢丢的奇遇》	《佐贺的超级阿嬷》
人生力量	《窗边的小豆豆》	《月光蟋蟀》
	《亲爱的汉修先生》	《镜子里的房间》
家国大爱	《漫漫求水路》	《花木兰》
	《寒风暖鸽》	《阿玛的山》
时代历史	《李白》	《清明上河图》
	《三毛流浪记》	《我是马兰人》
生活感悟	《你的世界有多大》	《锔瓷》
	《大山里的小诗人》	《那时月光》
拼搏奋斗	《水神的孩子》	《驭风少年》
	《想赢的男孩》	《巴颜喀拉山的孩子》
自然科技	《一定一定要找到你》	《爷爷的爷爷哪里来》
	《每个生命都重要》	《昆虫记》

阅读主题	L1 解读深度 ★★★	L2-精读 解读深度 ★★★★	L2-思辨 解读深度 ★★★★★
成长之路	《草房子》《城南旧事》	《简·爱》	《了不起的盖茨比》《麦田里的守望者》
爱与幸福	《青鸟》《天蓝色的彼岸》	《诗经》	《罗密欧与朱丽叶》《牡丹亭》
理想信念	《假如给我三天光明》《我与地坛》	《世说新语》	《屈原传》《司马迁传》
美德养成	《傅雷家书》精编《杜甫传》	《古文观止》	《李尔王》《远大前程》
人生力量	《老人与海》《艾青诗选》	《瓦尔登湖》	《活着》《热爱生命》
家国大爱	《泥土城》《朝花夕拾》	《苏东坡传》	《呐喊》《契诃夫短篇小说》
时代历史	《俗世奇人》《格列佛游记》	《茶馆》	《家》《聊斋志异》
生活感悟	《呼兰河传》《骆驼祥子》	《儒林外史》	《哈姆雷特》《窦娥冤》
拼搏奋斗	《钢铁是怎样炼成的》《童年》	《红星照耀中国》	《平凡的世界》《约翰·克里斯朵夫》
自然科技	《最后的藏羚群》《寂静的春天》	《额尔古纳河右岸》	《三体》《湘行散记》

四大名著 解读深度 ★★★★	内容特色	能力培养
《水浒传》	追根溯源剖析元典	小说鉴赏能力
《三国演义》	深入浅出趣味教学	名著品读能力
《红楼梦》	多角度多层次拓展	细节感知能力
《西游记》	覆盖十大常考主题	深度思考能力

这批书单中，我按孩子的年级，优选出了一些学生当下年龄段更喜欢的、获奖的优质书籍。

比如，书单里有《海蒂》《窗边的小豆豆》《马提与祖父》《不老泉》这样来自全世界各个国家顶尖的儿童文学经典。以及《每一个善举》《爱的教育》这样贴近孩子生活和情感的大奖之作，还有《李白》《苏东坡传》这样展现中国历史和文化的作品。

延续同样的思路，随着孩子认知层次提升，高年级孩子的书单更值得品读。比如，莎士比亚、契诃夫、勃朗特等世界文学大师的著作；老舍、鲁迅、余华等语文教材常客的经典作品；还有《城南旧事》《三体》《平凡的世界》等当代经典；

我希望在这份书单的帮助下，孩子能够以每周一本的速度往前推进，这样的话，一年下来，孩子就会积攒很大的阅读量，读书的水平和能力也会有质的飞跃。

深度挂钩教材

2020年4月,教育部发布了《教育部基础教育课程教材发展中心中小学生阅读指导目录(2020年版)》,这份目录由教育部基础教育课程教材发展中心组织研制并发布,旨在提高广大中小学生的阅读能力和综合素质。

我们读书会选择的大部分图书都在这个推荐书目里。

之所以这样,首先当然是给孩子读的书本身其实还是挺敏感的,这不是一件可以随心对待的事,选的书目首先不可以违背国家的标准和要求。剩下的一小部分,也是历经了很长时间的验证,大家公认这本书是本好书,里面没有敏感内容,我们才会选择。

总之，这些书籍对孩子的学习会起到更加直接的提升作用。

举例说明。

二年级语文上册第6课名叫《一封信》，作者是德国作家鲍圭埃特，讲述了一个孩子在父亲出差后，因思念而给父亲写信的故事。其中一封比较消极，另外一封非常积极。这篇课文的相关习题经常是问孩子们更喜欢哪一封信，以及为什么。

大多数孩子大多会选择积极的那一封，至于原因则是：女孩很乐观，更让人喜欢。除此之外，往往说不出更多的东西。

为了配套这篇课文，我们给孩子选择了一篇名作《最后一片叶子》，作者是美国著名作家欧·亨利，这部短篇小说主要讲了一个小孩生了重病，他看着窗外的落叶，就觉得这棵树上的最后一片叶子掉下来的时候，就是他离开人世的时候，后来一个老画家知道了这件事，就给他画了一片叶子，永远不会凋零，于是孩子受到了鼓励，觉得自己还有希望，坚强地活了下来,最后战胜了病魔——在我的课堂上,每次读完这篇文章后,都会反反复复强调一句话:只要心里充满希望,眼里就能看到阳光。

就这样,很多听过课的孩子在学到《一封信》时自然就会将两篇作品联系起来,在回答为什么更喜欢积极的那封信时也会说"因为只要心里充满希望,眼里就能看到阳光啊",老师听了往往又惊又喜,觉得孩子们回答得很棒,关键很恰当。

很多妈妈看到后更是高兴地给我们点赞,说我们讲得太好了,孩子们学了后马上就能用上——这个我们当然得认,但更重要的是我们选择的书本身就好,孩子们读完后能够说出完全不一样的话,这就是那些名著的伟大的魅力。

再比如,鲁迅先生的作品是语文学习的重点,更是考试的常客,正所谓:一怕文言文,二怕写作文,三怕周树人——虽然有些恶趣味,却也算说出了广大学子的心声。而提及鲁迅先生,很多同学眼前立即会浮现出一个横眉冷对千夫指的斗士形象，这显然失之偏颇，为了让孩子们更好地感受鲁迅，我们就选择了《朝花夕拾》作为我们的阅读书目，因为《朝花夕拾》中的十篇散文，篇篇都很精彩，篇篇都是经典。通过阅读这些文章以及我们的讲解，孩子们才能明白鲁迅先生更是一个有血有肉，甚至内心充满了童趣的人。这样一个生动鲜活的形象对孩子了解鲁迅、学习鲁迅而言非常重要，继而他会更多元地认识身边的人，甚至这个世界。

综上，我们的选书兼顾考试考点与趣味化、素质化。此外，对于这些名著的图书版本，我们也是有要求的，我们会看到现在同一本书在市面上往往会有很多版本，但是我们读书会选择的版本拿出来后，无论是在文本质量上，还是整体品质上，甚至包括纸张的选择上，它都是不一样的，一定是所有版本里口碑最好的。一本书，从头到尾每一个细节，都是经过我们教研同事认真且反复考量过的。我们要给孩子提供的就是这种最好的书籍和内容，让大家觉得舒服且放心。

无论未来怎样
书都可以一直与你相伴
为你打开一个个脚步不曾到达
更是无法丈量
广阔且美好的世界

亲爱的孩子
我一直很珍惜你的存在
我不会忘掉和你
一起读书的每一分每一秒
我们一起摇头晃脑，一起开怀大笑
我渴望把我知道的所有都给你
希望你变得越来越好
我希望我们能够成为彼此的骄傲

Part 8

祝福

读书要杂
你是唯一

读书要杂

很多家长朋友特别喜欢问我一个问题:"庄老师,是不是只要我孩子喜欢看书就可以,至于看什么书,没那么重要?"

这其实是一个关于读书特别大的误区——在一些家长的理解中,孩子看书很重要,我的孩子是喜欢看书的,所以我的孩子没问题——初期确实没问题,喜欢看书总比热衷打游戏强,但是如果孩子始终只喜欢看一种书,反复只读同一种书,本质上那还不叫真正的读书。

大卫·梭罗在其经典名著《瓦尔登湖》里面有一段论述,专门叫"reading",他说:"人如果只读同一种书，本质上和文盲没有区别。"

我深以为然。

有的孩子喜欢军事，家里全是军事书，别的没有。

有的孩子喜欢漫画，家里全是漫画。

有的孩子喜欢福尔摩斯，要么柯南，其他都读不进去。

在大卫·梭罗的眼中，这样读书，跟不读没有区别。

事实上，我身边有不少取得杰出成绩的人，我发现他们有个共同点，就是大家读的书都是乱七八糟的，各种书都读。

其中令我印象最深，也最为感叹的就是俞敏洪老师。

2015年，我曾经在新东方给俞老师做过大半年的总裁助理，那些日子里，我俩朝夕相处，我也得以零距离观察他，向他学习。

俞老师总出差，我就陪着他一起。

他当时都已经是几百亿的身家了，可是出差乘飞机，从来都只坐经济舱——其实对我们这些新东方副总裁级别以上的高管来说，自己无论去哪里出差都是可以坐头等舱或商务舱的，但是跟他一起也只能坐经济舱——我问他："俞老师，你在头等舱不是可以休息得更好点吗？"

他说："我反正都是读书，又不睡觉，也不跟空姐搭讪，哪里都一样。"

是的，每次坐飞机，俞老师登机后总会立即打开一本书，然后开始不停翻，一直到下飞机，整个过程中我俩基本上不交流，他就一直在看书，等出了机场上了车，他又掏出一本新书，然后再看上一路。

印象真是太深刻了

他一年要读近300本书，差不多就是每天一本，而且是什么种类的书都看。

后来我发现，他为什么总是在认知层面上会比别人要更高——几十年前，谁也不知道要干教育培训的时候，他干了新东方；几年前，谁都觉得从教培转型到电商直播可能走不出来的时候，他做了东方甄选；现在他又开始做文旅项目……包括这中间遇到无数次的挑战和风波,他都能坦然面对,真诚解决。

我认为这绝不是运气,一个人成功一次,他可能是巧合,你要是每一次都能将方向把握得很对,那一定是认知方面有一些跟别人不一样的东西,我觉得这就是他背后读的那些书起到的作用。

那具体是哪本书,不知道,也不重要,反正他就是读了很多各种各样的书,然后从量变到质变,就跟练功似的,最后你身上的奇经八脉就都打通了。

现在,我也隐隐约约有一点这种打通了的感觉。

回到开头那个问题,我的回答就是:真正的阅读一定要涉及不同领域,喜欢读的得读,不喜欢的也得读,特别是要刻意读一些自己绝不会主动去读的书。

唯有如此,才会避免自己陷入信息茧房,才叫真正会读书。

你是唯一

前面在讲到思辨性阅读时,我说要把很多名著读出高级感。

《小王子》就是一部可以读出高级感的经典作品,也是我强烈推荐给所有朋友去阅读的一本世界名著,不同年龄去读会有不一样的体会。

小时候读,我们会觉得《小王子》讲的是友情,甚至是爱情。

长大了读,觉得讲的其实是人生道理。

等再经历了一些事后回头再读,又发现这本书讲的其实就是我们的生活。

不知道朋友们想过一个问题没有,这世上那么多的爸爸,那么多的妈妈,可是为什么你的爸爸是你的爸爸,你的妈妈是你的妈妈?

《小王子》其实回答了这个问题,书里耳熟能详的一个片段,讲述狐狸和小王子在地球相遇了,小王子说我们做朋友吧,狐狸回答不行,他问为什么呢?狐狸说,因为你只是这个世界上千百万的孩子中的一个,而我也只是这个世界上千百万只狐狸中的一只,咱俩没什么关系,但如果你驯养了我,那我将成为这个世界上千百万只狐狸中唯一被你驯养过的狐狸,而你也将成为这个世界上千百万个人中唯一驯养过我的人。

每次我在课上讲到这段时都特别感动,我说:"孩子们,你们应该推开门,去看看这个世界,这世上有那么多的爸爸,那么多的妈妈,可是为什么你的爸爸是你的爸爸,而你的妈妈是你的妈妈?因为他们生养了你,你们一起经历过,痛苦过,一起哭过,一起笑过,一起成长,你们才能成为彼此的唯一。所以人是因为经历,是因为感情而在一起的,当你们在任性的时候,调皮的时候,不理解父母的时候,能不能想想这千百万分之一的相遇概率,你们是彼此的唯一啊!"

每当这个时候,孩子们也都会特别地感动,他们会明白,等将来自己长大了,离开父母了,家里始终有人在等待着自己,我们和父母,都是彼此的唯一。

是啊!《小王子》告诉我们,重要的事情,不是用眼睛看到的,而是用心才能"看到"的,所以后来这变成了一道中考作文题,就叫"用心看世界",对孩子们而言,看了《小王子》这样的名著,内心变得丰富且柔软,看待生活的眼光变得不一样,写出的作文也会跟别的孩子不一样。

当然,我更想对父母说,孩子尽管很任性,很调皮,你有的时候看到他就烦,甚至想揍一顿,但你也得想想,孩子也是你的唯一呀。

想起一个名叫朱尔的三年级孩子写过一首诗《挑妈妈》。

> 你问我出生前在做什么?
> 我答,我在天上挑妈妈。
> 看见你了,觉得你特别好。
> 想做你的孩子,又觉得自己可能没那个运气。
> 没想到,第二天一早,我已经在你肚子里。

身为父母,我们要知道,孩子赤身裸体,像个"小乞丐"一样降临在这个世界上,他唯一的依靠就是我们啊,所以我觉得很多时候孩子爱父母真的远胜于我们爱他们。我们每一位爸爸妈妈,每一位孩子都应该从《小王子》这本书中得到那种爱的教育,能够知道我们之间的情感羁绊,因为我们投入过、付出过、一同经历过,我们都是彼此的唯一,这就是《小王子》真正想告诉我们的,也是这部作品的伟大之处。

写到这里,本书就要告一段落了。最后,我想告诉大家,其实,对我们每个读书会的孩子,以及对于我,你们的庄老师,我们也都是彼此的唯一,真的。

所以，我一直很珍惜你的存在，我不会忘掉和你一起读书时的每一分每一秒。我们一起摇头晃脑，一起开怀大笑，我渴望把我知道的全部都给你，希望你变得越来越好。

我希望我们能够成为彼此的骄傲。

真的！

— 全书完 —

我相信天真的孩子
在阅读的浸润与滋养中
将成长为
腹有诗书、明心静气的大人
而不会被社会充斥的庸俗和浮躁同化
唯愿孩子们能在阅读中
收获成长与快乐

庄重 /庄重读书会创始人

/ 中山大学经济学学士、硕士
/ 曾任新东方教育集团副总裁、校长、顶级教师培训师
/ 17 岁高考分数超北大录取线 27 分
/ 曾荣获 2002 年 CCTV 全国大学生专业辩论赛冠军

如何让孩子爱上阅读

作者 _ 庄重

产品经理 _ 一草　　产品设计 _ 张一一
技术编辑 _ 顾逸飞　　责任印制 _ 杨景依　　出品人 _ 王誉

鸣谢（排名不分先后）

陈晨　魏芳芳

果麦
www.guomai.cn

以 微 小 的 力 量 推 动 文 明

图书在版编目（CIP）数据

如何让孩子爱上阅读 / 庄重著. -- 南京：江苏凤凰文艺出版社, 2025. 1. -- ISBN 978-7-5594-8988-3

Ⅰ. G792-49

中国国家版本馆CIP数据核字第2024BC5867号

如何让孩子爱上阅读

庄重 著

出 版 人	张在健
责任编辑	白　涵
特约编辑	一　草
出版发行	江苏凤凰文艺出版社
	南京市中央路165号，邮编：210009
网　　址	http://www.jswenyi.com
印　　刷	天津丰富彩艺印刷有限公司
开　　本	1230毫米×880毫米　1/32
印　　张	7.25
字　　数	140千字
版　　次	2025年1月第1版
印　　次	2025年1月第1次印刷
印　　数	1～18,000
书　　号	ISBN 978-7-5594-8988-3
定　　价	59.80元

江苏凤凰文艺版图书凡印刷、装订错误，可向出版社调换，联系电话：025-83280257